实务精要与疑难解析系列

民商事
实务精要与疑难解析

北京恒都律师事务所 | 编

U0824635

中国法制出版社
CHINA LEGAL PUBLISHING HOUSE

序　言

知识不在于独占而在于分享，眼界在一次次探索中无限扩展。恒都律师事务所是一家以资本市场、知识产权、商业诉讼为核心业务的顶尖的综合性律师事务所，本着“创新、探索、沟通”的精神，在2016年5月开通了“恒都法律研究院”微信公众号，通过该公众号平台发布恒都的最新研究成果、重大业绩新闻等文章，每篇文章均由恒都专业律师团队结合实践经验、经过深入研究撰写而成。恒都开通“恒都法律研究院”旨在为业内外人士传递最新司法观点、典型案例，并就感兴趣的问题进行交流沟通。

“恒都法律研究院”上所发布文章的特点主要表现在以下几个方面：

第一，体系完整、研究深入。所有文章围绕“资本市场”“知识产权”“商业诉讼及综合法律业务”3个恒都核心业务领域，同时恒都律师分为数十个研究课题组，各律师在其所属课题组内进一步细化选择研究方向，进行深入化、精细化的研究分析，从而保证了研究院文章整体的完整性和在具体问题上的研究深度。

第二，选题新颖、见解独到。针对各专业领域的前沿研究方向或者实务焦点，恒都律师习惯并善于提出新思路、新见解，力求通过不断探索，将司法理论和实践中的模糊地带逐渐明晰化，且恒都律师提出的很多新观点已经得到了业内专业人士的认同和司法、行政机关在审理审查中的认可。

第三，内容精准、价值性高。“恒都法律研究院”中所发布的文章，无论是法律研究、案例分享、时事评述、新法解读等，均经过律师团队的审慎考虑和反复推敲，同时与实践紧密结合，信息精准、启发性强，对理论研究和实践指导均具有较高的参考价值。

正因为“恒都法律研究院”所发布文章的一系列特点和优势，其自开办以来，获得了行业内专业人士、大众读者的普遍好评。为便于读者收集和查阅历史文章，我们特将“恒都法律研究院”中发布的文章分门别类进行整理，并根据最新法律规定、实务规范，重新筛选、审阅修订，汇编为精选集予以出版，以飨读者。

全套精选集按照“资本市场”“知识产权”“商业诉讼及综合法律业务”3 大板块，共分为《资本市场实务精要与疑难解析》《知识产权实务精要与疑难解析》《民商事实务精要与疑难解析》3 册。

本册为《民商事实务精要与疑难解析》，收录专业文章 52 篇，分为民事、商事综合、重点关注行业 3 大类 14 小类。民事部分所收录文章主要针对民事主体在典型民事行为中设立、变更、终止民事权利和民事义务所涉及的法律问题，包括“合同、担保与借贷”“民事侵权”“婚姻家庭与继承”“劳动争议”“诉讼与仲裁”。商事综合部分包括对商主体从事的典型商事行为及涉及法律问题的研究，分为“破产、重整与清算”、“保险与信托”、“财务规划”和“海商海事”；重点行业关注部分就目前发展迅猛、社会关注度高、法律问题凸显的几大行业所涉及的法律问题进行分类研究，包括“房地产与建设工程”、“电子商务与信息保护”、“医药医疗”、“自然资源与能源”和“环境与健康”。

本套精选集可谓集众智、汇众力。恒都和“恒都法律研究院”每一个阶段的发展与成就，都离不开各位恒都奋斗者的不懈努力，离不开各界朋友和广大客户的支持与厚爱。谨以本套精选集的出版，向恒都的各位奋斗者致敬，向恒都的各界朋友和客户致谢！

编　者

2019 年 3 月

目 录

CONTENTS

一、民 事

（一）合同、担保与借贷

(二) 民事侵权

(三) 婚姻家庭与继承

(四) 劳动争议

（五）诉讼与仲裁

二、商事综合

（一）破产、重整与清算

（二）保险与信托

（三）财务规划

（四）海商海事

三、重点关注行业

（一）房地产与建设工程

（二）电子商务与信息保护

（三）医药医疗

（四）自然资源与能源

（五）环境与健康

一

民　事

（一）合同、担保与借贷

“京牌”久摇不中，“借名买车”的风险你知道吗？

合同与担保专业组　井静娟律师

【引言】

在北京，如果你说自己摇上了车牌号，无异于中了头彩。曾经有一篇文章计算过“在北京一生都摇不到号的概率”竟然高达百分之五十，足见摇中京牌号难度之大。正因如此，“京牌”成为很多人梦寐以求的稀缺资源，一些着急用车但久摇不中的人便与他人签订车牌转让或租赁协议，由此引发“借名买车”现象。

【问题解答】

一、“借名买车”协议多，但效力如何呢

（一）法律规定

1.《中华人民共和国合同法》

第七条：“当事人订立、履行合同，应当遵守法律、行政法规，尊重社会公德，不得扰乱社会经济秩序，损害社会公共利益。”

第五十二条：“有下列情形之一的，合同无效：……（四）损害社会公共利益；（五）违反法律、行政法规的强制性规定。”

2.《北京市小客车数量调控暂行规定》

第六条：“指标有效期为6个月，不得转让……”

（二）司法实践

法院案号	审理法院	案由	法院认定
(2015）大民（商）初字第15386号	北京市大兴区人民法院	确认合同无效纠纷	“上述‘借名买车’行为违反了《北京市小客车数量调控暂行规定》的相关规定，扰乱了北京市对于小客车配置指标调控管理及身份证管理的公共秩序，损害了社会公共利益，就此达成的合同应属无效。”
(2014）三中民终字第11753号	北京市第三中级人民法院	合同纠纷	“借名买车行为会造成车辆管理混乱，违反我国车辆管理制度，损害公共利益，故双方当事人之间的借名买车合同应属无效。”
(2016）京0115民初468号	北京市大兴区人民法院	合同纠纷	“双方上述行为本质上属于‘借名买车’，违反了《北京市小客车数量调控暂行规定》的相关规定，扰乱了北京市对于小客车配置指标调控管理及身份证管理的公共秩序，损害了社会公共利益，就此达成的合同应属无效。”
(2016）京0112民初17029号	北京市通州区人民法院	合同纠纷	“损害社会公共利益的合同无效……本案中，原、被告协议被告借原告名义购车，将造成车辆实际所有人与车辆登记名义人的分离，使车辆登记管理制度的目的落空，必将对社会公共利益造成损害，故原、被告于2010年3月1日达成的口头借名买车协议无效。”

（三）案情解析

通过以上法律规定和司法实践可以得知，当事人之间签订的关于“京牌”的转让或者借用协议违反《合同法》及《北京市小客车数量调控暂行规定》，应为无效协议。

二、出借人知晓有风险，反悔后主张还车怎么判

（一）法律规定

1.《物权法》

第二十三条：“动产物权的设立和转让，自交付时发生效力，但法律另有规定的除外。”

2.《合同法》

第五十八条：“合同无效或者被撤销后，因该合同取得的财产，应当予以返还……”

（二）司法实践

法院案号	审理法院	案由	法院认定
（2016）京 0115 民初 468 号	北京市大兴区人民法院	合同纠纷	1. 车辆所有权归出资人所有； 2. 小汽车为借名人出资购买，并非来自原告的给付，无须向出借人返还。
（2016）京 0112 民初 17029 号	北京市第三中级人民法院	合同纠纷	

（三）案情解析

汽车属于动产，其所有权的设立和转让自交付时发生效力，登记并非动产所有权设立和转移的依据。前述两案中虽然车辆登记在出借人名下，但是借名人出资购买车辆，一直实际控制涉案车辆，是所有权人。出借人主张返还车辆无法律基础，不会得到法院支持。

三、"借名"车辆被查封，借名人有协议亦难厘清

现实生活中，经常出现出借人与其他人有纠纷，法院按照规定将其名下车辆进行查封的情形，借名人以自己是车辆所有权人，双方有约定为由，提起执行异议。即使借名人有充足的证据证明自己是实际出资人，为车辆的实际控制人，双方也有相应的约定，也需要通过以下步骤才能完成漫漫维权路：

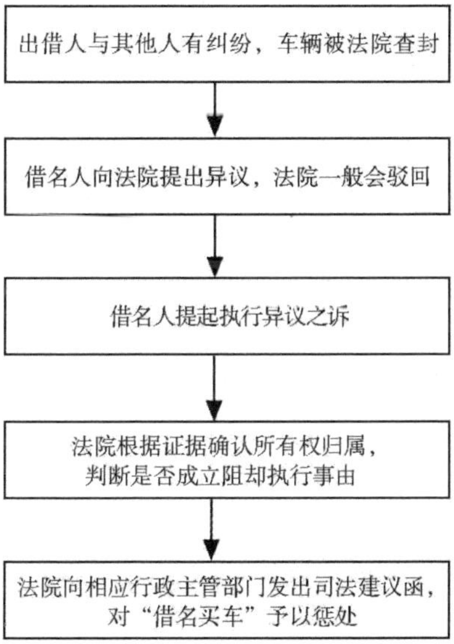

1. 借名人在首次提起执行异议时，法院一般都会予以驳回。

2. 在执行异议之诉中，还需要法院判断该事实是否能够成为阻却执行的事由：

法院案号	审理法院	案由	法院认定
(2016) 京 0116 民初 2748 号	北京市怀柔区人民法院	执行异议之诉	1. 在案证据能够证明涉案车辆的所有权人为借名人； 2. 申请执行人不构成《物权法》第二十四条规定的善意第三人； 3. 停止对涉案车辆的执行； 4. 双方“借名买车”行为由相应的行政部门予以惩处。
(2015) 一中民(商) 终字第 6658 号	北京市第一中级人民法院		

3.《〈北京市小客车数量调控暂行规定〉实施细则》第三十一条，小客车指标确认通知书仅限指标所有人使用。对于买卖、变相买卖、出租或者出借小客车指标确认通知书的，由指标管理机构收回已取得的配置指标或者更新指标、三年内不受理该申请人提出的指标申请。

即使法院最终判决停止对涉案车辆的查封，该车辆车牌也将被行政部门收回，出借人将面临三年内不得申请购车指标的惩罚，涉案车辆也将因为无车牌而无法正常使用。

四、交通事故风险大，“免责条款”难以“免责”

出借人在将自己的京牌转让或者租赁给借名人时为了减少自己的法律风险，往往会约定一个免责条款，即发生交通事故后责任全部由借名人承担，与自己无关。该“免责条款”能否成为出借人的“尚方宝剑”，在责任面前出借人真的可以高枕无忧吗？

（一）法律规定

1.《最高人民法院关于审理道路交通事故损害赔偿案件适用法律若干问题的解释》

第一条：“机动车发生交通事故造成损害，机动车所有人或者管理人有下列情形之一，人民法院应当认定其对损害的发生有过错，并适用侵权责任法第四十九条的规定确定其相应的赔偿责任：

（一）知道或者应当知道机动车存在缺陷，且该缺陷是交通事故发生原因之一的；

（二）知道或者应当知道驾驶人无驾驶资格或者未取得相应驾驶资格的；

（三）知道或者应当知道驾驶人因饮酒、服用国家管制的精神药品或者麻醉药品，或者患有妨碍安全驾驶机动车的疾病等依法不能驾驶机动车的；

（四）其它应当认定机动车所有人或者管理人有过错的。”

第十六条第一款：“同时投保机动车第三者责任强制保险（以下简称‘交强险’）和第三者责任商业保险（以下简称‘商业三者险’）的机动车发生交通事故造成损害，当事人同时起诉侵权人和保险公司的，人民法院应当按照下列规则确定赔偿责任：

（一）先由承保交强险的保险公司在责任限额范围内予以赔偿；

（二）不足部分，由承保商业三者险的保险公司根据保险合同予以赔偿；

（三）仍有不足的，依照道路交通安全法和侵权责任法的相关规定由侵权人予以赔偿。”

第十九条：“未依法投保交强险的机动车发生交通事故造成损害，当事人请求投保义务人在交强险责任限额范围内予以赔偿的，人民法院应予支持。投保义务人和侵权人不是同一人，当事人请求投保义务人和侵权人在交强险责任限额范围内承担连带责任的，人民法院应予支持。”

2.《中华人民共和国侵权责任法》

第六条第一款：“行为人因过错侵害他人民事权益，应当承担侵权责任。”

第四十九条：“因租赁、借用等情形机动车所有人与使用人不是同一人时，发生交通事故后属于该机动车一方责任的，由保险公司在机动车强制保险责任限额范围内予以赔偿。不足部分，由机动车使用人承担赔偿责任；机动车所有人对损害的发生有过错的，承担相应的赔偿责任。”

（二）司法实践

法院案号	审理法院	案由	基本情况	法院判决
(2014)大民初字第7979号	北京市大兴区人民法院	交通事故责任纠纷	借名人主张系借名买车，事故受害方未向出借人主张赔偿责任，车辆投保了交强险和商业三者险。	1. 在交强险和商业三者险之外按照过错承担赔偿责任； 2. 事故受害方未向出借人主张赔偿，且无证据证明其有过错，故由借名人按照其过错承担赔偿责任。
(2015)三中民终字第08798号	北京市第三中级人民法院		双方认可借名买车事实，车辆未投保交强险和商业三者险。	出借人和借名人在事故责任范围内承担连带赔偿责任。
(2013)朝民初字第32555号	北京市朝阳区人民法院		涉案车辆保险已过期，名义车主主张系借名买车，借名人发生事故后逃逸，目前联系不上，受害方要求名义车主承担赔偿责任。	1. 名义车主作为车辆所有人，对自己所有的车辆负有控制管理的责任； 2. 借名人肇事逃逸，名义车主作为车辆所有人对交通事故导致的损害后果应承担赔偿责任，其应当对原告在本次交通事故中遭受的合理损失予以赔偿。

（三）友情提示

“借名买车”协议本身既然无效，其中发生交通事故后的“免责条款”更不会成为出借人免责的“尚方宝剑”，要不要承担责任还要看出借人是否有过错。以下情形，在司法实践中一般认定为登记车主存在过错：

1. 车辆驾驶人不具备驾驶资格；

2. 车辆本身存在安全缺陷或者故障；

3. 车辆保险存在瑕疵。

所以说，作为出借人，不要以为一条“免责条款”自己就可以高枕无忧了，务必尽到应有的审查义务，才能在发生交通事故时不至于因为自己的过错而承担相应的责任。

五、小结

“借名买车”风险多，签订协议亦非万全之策。奉劝各位小主耐心摇号等结果，务必保证车辆登记在自己名下。

生活不是租来的，但房子有时候是

——浅谈租房装修的法律认定

合同与担保专业组 杨涛婷律师

城市高居不下的房价让多数初入职场的年轻人选择租房。秉承着“房子是租来的，生活不是”的观点，承租人租赁房屋后，会对房屋进行力所能及的改造。但房屋所有权毕竟属于出租人，为避免不必要的纠纷，承租人对房屋进行装修前有必要了解一下相关法律规定。

《合同法》第二百二十三条规定了承租人对租赁物的改造：承租人经出租人同意，可以对租赁物进行改善或者增设他物。承租人未经出租人同意，对租赁物进行改善或者增设他物的，出租人可以要求承租人恢复原状或者赔偿损失。

2009 年，最高人民法院公布《关于审理城镇房屋租赁合同纠纷案件具体应用法律若干问题的解释》，其中第九条至第十三条对租房装修纠纷作出了具体规定，细化了《合同法》第二百二十三条的规定。

以上条文分别从租赁合同无效、解除、租赁期限届满三种情况，对承租人装修问题进行规范。每种情况下如何处理，并非本文所讨论的主要内容。本文仅对法条中出现的“出租人同意”“附合”等概念进行解释，便于承租人规范个人装修行为。

一、“出租人同意”的法律认定

民事法律行为最重要的是意思表示。意思表示是指行为人将其意欲发生一定私法上效果的内心意思，表示于外部的行为。“出租人同意与否”，从法律上来说，即“出租人是否有同意承租人进行装修、装修程度如何的意思表示”。“出租人同意”一般包括出租人“明示”同意和出租人“默示”同意。

1. 出租人“明示”同意

明示是指行为人以口头、书面等话语直接作出的意思表示。由于其表现方式明确，故很容易作出判断。在房屋租赁中出租人明示同意的情形，可以是出租人和承租人在房屋租赁合同中明确约定承租人可以对房屋进行装修，甚至约定承租人可以装修的程度；也可以是承租人口头上询问出租人，出租人明确给予肯定回复，包括同意装修及装修程度。笔者签订租房合同询问装修问题时，房东就明确回答“只要不改变房屋主体结构，可以进行其他装修”，这就是一种口头上的同意，包括了装修程度。需要注意的是，后一种情形最好有其他见证人在场，或者有电话录音，以防出租人在没有书面同意的情况下事后又予以否认。

2. 出租人“默示”同意

“默示”虽不如“明示”明确，但通过特定的方式也可推定行为人的意思表示。

《最高人民法院关于贯彻执行〈中华人民共和国民法通则〉若干问题的意见（试行）》第六十六条规定：“一方当事人向对方当事人提出民事权利的要求，对方未用语言或者文字明确表示意见，但其行为表明已接受的，可以认定为默示。”

根据本条规定，如果出租人并未明确同意承租人对房屋进行装修，但行为表明其已同意，可认定为出租人同意。举例来说，此种情况下出租人的行为包括但不限于：出租人在承租人装修时到过现场，对承租人的装修行为并未表示反对；根据双方约定的租赁房屋的用途以及房屋的现状，只有装修才能达到承租人租赁的目的，如租赁房屋为毛坯房，而承租人用于生活居住。

二、“附合”的法律认定

在民法理论上，“附合”是“添附”的一种表现形式，而“添附”是物权变动的原因之一。附合是指两个或两个以上不同所有人的物结合成为一个合成物，人们虽然能直观地识别该合成物，但通常难以将该合成物分离，如果一定要将该合成物分离，则会损坏该合成物或耗资过大。

附合物的所有权取决于构成附合物之物的价值，通常情况下，动产与不动产的附合物，所有权由不动产所有人取得。即若房屋装修物与房屋本身构成了附合，其所有权由出租人取得。租赁房屋装修中附合的认定，影响着出租人和承租人的财产权利，也影响着租赁房屋装修问题的法律认定。

根据附合的定义，房屋装修中构成附合的情形包括但不限于：铺设地板砖、用油漆刷墙等。只要是两物合成为一物，虽能单独辨别，但难以分离或分离成本过大的，都属于附合。相反，承租人在房屋中安装空调、热水器、油烟机等，因为比较容易分离，所以不构成附合。

三、结语

“出租人同意”和“附合”，是司法实践中处理房屋租赁装修纠纷中需确定的事实。一旦出租人和承租人因装修问题发生纠纷，在明确合同无效、解除、履行期限届满的前提下，法院主要结合事实对二者进行认定。承租人在了解租房装修纠纷相关认定规则后，可以事前与出租人做好沟通，在房屋装修过程中不能肆意而为，明确装修物的财产权利归属；若发生纠纷，可以做到心中有数，充分保障自己的财产权利。生活虽不是租来的，但房子有时候是，规范租赁行为，才能保障承租人的租房生活。

同一债权既有物的担保又有人的担保，债权人应如何行使担保权利？

综合法律业务与商业诉讼事业部　林涛律师

关于在同一债权上物的担保与人的担保之间的关系，自现行《担保法》颁布以来，一直是法学理论界争论的焦点。

一方面，我国《担保法》第二十八条规定："同一债权既有保证又有物的担保的，保证人对物的担保以外的债权承担保证责任。债权人放弃物的担保的，保证人在债权人放弃权利的范围内免除保证责任。"这种立法模式被称为"保证人绝对优待主义"，此种模式下，债权人只能先行使担保物权以受偿债权，在仍不能完全受偿时，可以就余额再向保证人主张。

另一方面，《最高人民法院关于适用〈中华人民共和国担保法〉若干问题的解释》第三十八条规定："同一债权既有保证又有第三人提供物的担保的，债权人可以请求保证人或者物的担保人承担担保责任。"这种立法模式被称为"平等主义"，根据这种模式，债权人可以选择行使担保物权或保证债权。

由此可见，在我国现行担保法律体系中，关于物的担保与人的担保之间的关系，存在两种不同的立法模式。综观这两种模式，保证人绝对优待主义明显不当地损害了债权人的担保利益，司法实践中不宜采取这种模式。

我国《物权法》第一百七十六条规定："被担保的债权既有物的担保又有人的担保的，债务人不履行到期债务或者发生当事人约定的实现担保物权的情形，债权人应当按照约定实现债权；没有约定或者约定不明确，债务人自己提供物的担保的，债权人应当先就该物的担保实现债权……”比照《物权法》与《担保法》以上条文的规定，《物权法》显然对《担保法》物的担保绝对优先的原则进行了修正，但这并不意味着《物权法》抛弃了物的担保相对优先的基本精神。

显然《物权法》的上述规定是在《担保法》物的担保绝对优先原则的基础上，融合了意思自治的法律权衡，以满足更加丰富的现实需求。

笔者认为应当从以下两个方面理解我国《物权法》的上述规定：

第一，应当充分尊重当事人的意思自治。如果当事人在担保合同中约定了担保人承担责任的顺序，由于此种约定仅涉及当事人之间利益的平衡，不关涉公共利益之维护，则债权人应当受该约定顺序之约束。这实际上是采取了有限的平等主义模式。

在此情形下，隐含着意思自治可以排除物的担保优先的精神，将契约自由精神摆在更加重要的法律地位。

第二，在没有约定或约定不明的情形下，该条款又采取保证人绝对优待主义，要求债权人应当先就债务人提供的物保实现其债权，不得绕过债务人的物保而径行追究人保合同项下保证人的保证责任，限制了债权人的选择权。债权人只能先行使担保物权以受偿债权，而后在不能完全受偿的余额范围内再向保证人主张保证责任，即保证人仅对物的担保以外的债权额承担保证责任。

目前在司法实践中，人民法院处理此类同一债权既存在物保又存在人保的案件时主要重点审查：当事人签订的担保合同中是否就债权人实现债权的方式进行了明确的约定。

一方面，如果存在明确约定，则债权人能够突破物保优先的原则，直接向保证人主张保证责任，保证人如果作出“仅对物的担保以外的债权额承担保证责任”的抗辩理由将不会得到支持；另一方面，如果担保合同中对实现债权的方式并未进行约定或约定不明确，则将产生对债权人不利的诉讼结果。

目前，无论是银行还是其他非银行金融机构均会在担保合同中约定“无论诉争债务是否有其他担保，债权人均有权直接要求担保人在保证范围内承担保证责任”等类似条款。

关于此类条款中的此种表述是否应当被认定为双方当事人对实现债权的方式进行了明确的约定，笔者通过检索大量人民法院作出的生效判决后发现，在绝大多数案件中，与上述合同条款中相同或类似的表述均被认定为对物的担保与人的担保实现顺序的明确约定。

在这些案件中，债权人要求绕过债务人物的担保而直接要求保证人承担相应保证责任的主张均得到了人民法院的支持。但也有极个别判决认为类似约定不能被认定为对担保债权实现顺序的约定，无法推导出债权人对担保债权的实现顺序享有选择权，这部分案件的裁判结果表明上述条款的表述内容，依然存在被认定为“未对实现债权的顺序作出明确约定”的风险。

做单车租赁的还是做金融的？

——共享单车押金沉淀问题初探

信息网络与电子商务专业组　黄晓蕾律师

共享单车自从问世以来，就受到了人们的欢迎，如今已经慢慢融入了人们的生活。随处可见的五颜六色的单车装点着城市的大街小巷。共享单车给人们的出行带来了极大的便利，但由于其商业模式的新颖，随之而来的很多问题都缺乏对应的法律法规加以规制，由此可能导致的不良后果也成为人们担心的问题。

近日，南京町町单车人去楼空，押金迟迟退还不到用户账户上的事件，引发了人们对于共享单车押金问题的关注。那么，共享单车企业收取押金是否合法？共享单车企业是否有权使用押金呢？

一、共享单车押金的特点

押金在我们的日常生活中很常见，一般出现在租赁关系当中。对于押金最通俗的理解就是为了担保租赁物的正常使用，承租人向出租人支付一定的押金，如果承租人对租赁物造成了一定的损害，出租人有权从押金中扣除用于补偿损失的费用。共享单车中用户和共享单车企业的关系可以归纳为租赁关系，共享单车作为租赁物，共享单车企业为了让用户按照规定使用共享单车而向用户收取押金，是正常的实践惯例，是合法的。

但是，共享单车的押金与传统的押金不同，有一定的特殊性，主要体现在两点：一是与传统的押金与租赁物一一对应的关系不同，共享单车的押金对应的租赁物是用户在一定的时间段里使用的共享单车，换句话说，押金与租赁物的关系是“一对多”的关系；二是与传统的租赁关系结束押金即返还的规则不同，共享单车的押金并不是在每一次使用完毕后即返还，而是在用户提出返还需求时才返还，也就是说，在用户与共享单车企业不存在租赁关系时，共享单车企业还是占有着这部分本应返还的押金。

这样一来，共享单车企业押金就汇集成了一个数额巨大的资金池，那么，对于这个资金池里的资金，共享单车企业是否有权使用呢？这就涉及押金的性质问题。

二、押金的法律性质

对于押金的法律性质，在现行的法律法规中没有明确的定义，但以其呈现出的特点来看，可以纳入担保法的规制框架内。我国国内多数学者将其作为物的担保，更接近于质押担保，在这里，出质人将一定数额的金钱作为担保物交予质权人，如果出质人未能按照约定的方式使用租赁物，那么质权人将有权利以质物受偿。

根据《担保法》中的有关质押的规定，质权人应当妥善保管质物，并且对于质物并没有自由处分的权利，从这个角度来说，共享单车企业是不可以动用这部分资金池里的资金的，只有在用户没有规范使用共享单车的时候，才可以进行相应的扣减。

但是，因为金钱作为质押物有一定的特殊性，金钱作为种类物，占有即所有，从这个角度来说，共享单车企业取得了押金的所有权，当然可以任意处分。是不是只要存放一定的资金量，在用户要求退还的时候能够保证返还就可以呢？

笔者认为是不可以的，原因有以下几点：（1）从押金的质押物性质上来说，共享单车企业不可以随意处分质物，对以押金性质存在的金钱来说不享有所有权；（2）《最高人民法院关于适用〈中华人民共和国担保法〉若干问题的解释》第八十五条规定，债务人或者第三人将其金钱以特户、封金、保证金等形式特定化后，移交债权人占有作为债权的担保，债务人不履行债务时，债权人可以以该金钱优先受偿。可见，金钱即使是种类物，也是可以特定化后作为特定物的，此时就不再适用占有即所有的原则；（3）共享单车企业如果让资金池里的资金进入流通领域，如进行投资，就带有了金融的性质，而共享单车企业是没有相应资质的。

综上，共享单车企业不可以任意处分收取的押金，不可以将押金用于经营、投资，押金账户要与企业的运营账户分开，否则将有可能承担民事责任或刑事责任。

三、对共享单车企业资金池的监管

共享单车的用户数量巨大，由此汇聚起来的资金数量也是很庞大的，如果没有得到合理的监管，共享单车企业可能会承担非法集资的刑事责任，严重的还会引发群体性事件，不可不加以重视。然而，目前的监管措施尚不完善，现今主要的共享单车企业，如 ofo 小黄车、摩拜单车、永安行等都公开表示其押金已进行托管，但共享单车行业内的其他企业存在着押金安全的隐患，继町町单车之后，人们一向看好的 ofo 单车也有押金退还迟滞的新闻出现。

共享单车企业即使将押金托管给银行也是远远不够的，最新出台的《关于鼓励和规范互联网租赁自行车发展的指导意见》规定：“鼓励互联网租赁自行车运营企业采用免押金方式提供租赁服务。企业对用户收取押金、预付资金的，应严格区分企业自有资金和用户押金、预付资金，在企业注册地开立用户押金、预付资金专用账户，实施专款专用，接受监管，防控用户资金风险。企业应建立完善用户押金退还制度，加快实现‘即租即押、即还即退’等模式。互联网租赁自行车业务中涉及的支付结算服务，应通过银行、非银行支付机构提供，并与其签订协议。互联网租赁自行车运营企业实施收购、兼并、重组或者退出市场经营的，必须制定合理方案，确保用户合法权益和资金安全。”

可见，共享单车企业在返还的时限、支付渠道、信息披露、退出市场时的资金安排都应当有明确的安排并向公众公示，才能够保证用户的资金安全。

参考文献:

1. 王传薇、田雨:《关于共享单车押金的法律思考》，载《中国市场》2017 年第 17 期。

2. 宋佳儒:《共享单车押金资金沉淀的监管问题探析》，载《甘肃金融》2017 年第 4 期。

3. 庄阿苗:《浅谈押金的法律性质》，载《贵阳学院学报（社会科学版)》2012 年第 7 期第 5 卷。

4. 刘静辉、肖扬、薛恒:《共享单车押金的性质及其法律风险研究》，载《法制与社会》2017 年第 21 期。

担保法司法解释第四十条的理解和适用问题

综合法律业务与商业诉讼事业部　林涛律师

我国《担保法》第二十四条规定，债权人与债务人协议变更主合同的，应当取得保证人书面同意，未经保证人书面同意的，保证人不再承担保证责任。保证合同另有约定的，按照约定。

第三十条规定，有下列情形之一的，保证人不承担民事责任：（一）主合同当事人双方串通，骗取保证人提供保证的；（二）主合同债权人采取欺诈、胁迫等手段，使保证人在违背真实意思的情况下提供保证的。

在司法实践中经常有保证人援引上述两个条款，特别是第三十条有关串通欺诈骗保的规定，主张自己应当免除保证责任，但极少能获得法院的支持。其根本原因在于实践中证明主合同双方当事人即债权人和债务人串通骗保的难度很大，很难设想主合同双方当事人会将其恶意串通骗取保证的内容以书面的方式固定下来，并让保证人知晓。

而债权人在一个完整的保证法律关系中往往处于强势主导地位，保证人亦很难取得债权人欺诈胁迫的书面证据，债权人在发生纠纷时往往会以言词证据加以否认。

为此，最高人民法院在担保法之后出台的《最高人民法院关于适用〈中华人民共和国担保法〉若干问题的解释》第四十条规定，主合同债务人采取欺诈、胁迫等手段，使保证人在违背真实意思的情况下提供保证的，债权人知道或者应当知道欺诈、胁迫事实的，按照担保法第三十条的规定处理。

该条司法解释在担保法聚焦于债权人欺诈、胁迫或债权人与债务人串通骗保的情况之外增加了主合同债务人欺诈、胁迫骗取保证且债权人知道或者应当知道的情况，应该说上述司法解释第四十条的规定既充分考虑了实践中的真实情况，即有些债权人为了保证自己的债权，往往要求债务人采取不正当的手段取得担保，也充分考虑了《担保法》第三十条对保证人举证责任的严格要求实际导致了保证人很难免除保证责任的情况。

但我们在适用上述条款解决实际问题时需要注意，本条司法解释的核心内涵并非只要债务人对保证人欺诈、胁迫，保证人就可以免除保证责任。

因为在一个完整的保证法律关系中，债权人、债务人、保证人三方实际构成了三个合同关系，除债权人与债务人的主合同关系、债权人与保证人的保证关系外，债务人与保证人之间实际是一种委托合同关系，即债务人作为委托人，保证人作为受托人接受债务人的委托，出面担任保证人。因此，委托合同中的各种因素通常不对保证合同或者保证责任产生影响，债务人对保证人的欺诈、胁迫只能作为委托合同无效的理由，而不能据此认定债权人与保证人之间的保证合同无效。

也就是说在一般情况下，仅仅由于债务人自己的行为，导致保证人出面作保的原因上有瑕疵，并不必然导致保证人不承担保证责任，只有在债权人明知或者应当知道债务人对保证人欺诈、胁迫的事实而仍然接受保证的情况下，保证人才可以免除保证责任。

为什么这样说呢？因为根据合同法原理，第三人对合同一方当事人进行欺诈时，如果合同另一方当事人知道或者应当知道对方受欺诈的事实而故意隐瞒事实真相，根据民法诚实信用的原则，该当事人故意隐瞒事实真相的不作为行为也构成欺诈，其与受第三人欺诈的对方当事人之间的合同可因此认定为无效。

如果第三人对一方当事人进行欺诈而签订的合同，对方当事人不知道或者不应当知道第三人欺诈的事实，即相对人属于善意且无过失时，则该合同可以认定为有效。具体到保证法律关系上，如果债权人知道或者应当知道保证人受债务人欺诈的事实，则债权人的不作为行为也非善意，实际上也构成了欺诈，债权人与保证人之间的保证合同当然无效，保证人亦不承担保证责任。

综上，债务人采取欺诈或者胁迫手段导致保证人在违背自己真实意思的情况下提供保证的问题，不可一概而论，要区分债权人是否知道或者应当知道，只有在债权人明知或者应当知道债务人的欺诈、胁迫事实而仍然接受保证人提供的担保的情况下，保证人才可免除保证责任。

年底了，你的账目厘清了没？

——论《民间借贷合同》的三个常见法律问题

合同与担保专业组　井静娟律师

一、出资借贷要分清，别被红利迷眼睛

场景一：

小王和小李是从小一起玩到大的铁哥们儿，小李在上海当老板，小王在北京政府部门工作。过年了，都回老家，约好正月初六去大酒店叙叙旧。一年不见了，哥儿俩有说不完的话、聊不完的天。

小李：我这有个特别好的项目，投资进去稳赚不赔，好几个朋友都参加进来了。不知道你有没有兴趣，让你手里的钱快点生钱，早日买上大房子。

小王：啥项目，给我看看。这么好的机会不能忘记老弟啊。

小李：你等等，我这也是听朋友说的，我跟他要点材料给你看看。

现在通信技术这么发达，不到半小时，见小李接打了三四个电话后，文件就发到他微信上了。小王凑过来一看，《××煤矿承包可行性分析报告》《项目利润评估报告》《投资入股协议书》，材料还挺齐全。小王特别想知道投资回报率，就重点将那份《投资入股协议书》细读了读：

……

第2条：甲乙双方共同投资××煤矿项目，甲方只需投入资金，不需负责项目的具体实施工作。

……

第6条：甲方负责投入资金××万元人民币，其余资金由乙方筹集。甲方投资期限为两年，最迟不超过三年，自甲方资金到账之日起计。

……

第8条：双方约定，乙方按甲方投入的本金每年按50%支付给甲方固定红利，自甲方资金到账之日起计算。

……

小王小算了一笔账：如果把自己手头的50万元投进去，明年年底就能得分红25万元，比存在银行强多了。后年又有25万元，这样相当于自己就有100万元了，可以考虑在北京贷款买套房子了。这么一想他就特别心动，急切地想询问投资合作的事宜。

友情提醒：

本《投资入股协议书》中的甲方只在涉案的开发项目中投入资金且约定只收取固定回报，不参与项目的经营管理、不承担风险，不具备个人合伙共同经营、共担风险的基本特征。双方明为合作承包、开发煤矿，但实际情况符合自然人之间借款的民间借贷法律关系，故应定性为民间借贷合同。

法律拓展：

名为投资，实为借贷的常见形式有哪些？

1. 出资人只享有固定回报或收益，不共担经营风险，为借贷关系；

2. 出资人不享有参与企业经营和管理的权利，为借贷关系；

3. 投资协议中规定了回收的期限，而且还有担保的，为借贷关系；

4. 委托投资中，双方仅约定固定回报而不承担风险，为借贷关系；

5. 委托投资中，受托人未将委托人出资用于投资，仅是按照约定给付收益，为借贷关系。

本案中，小王的《投资入股协议书》满足第1条及第2条，非出资协议，应当认定为民间借贷合同。

二、认清借贷用处大，利率算法记心中

场景二：

经过小李的引荐，小王认识了××煤矿项目的发起人小赵，很快就签订了《投资入股合作协议》，并将50万元投入该项目中去。第一年年底，小赵按照约定将25万元的红利分给了小王。第二年年底就没了音信，小王特别着急，反复找小赵要钱，小赵说煤矿经营不善，也挖不上来煤，没挣到啥钱，别说分红了，本金都很难再还给小王了。小王媳妇知道了这事，天天和小王吵架，催着他去要钱，小赵又躲着不见，一气之下，小王一纸诉状将小赵告上了法庭，要他返还本金50万元并支付承诺的红利25万元。最后法院判小赵返还小王本金43万元，支付利息10.32万元。小王百思不得其解，利息少就少了，怎么本金还少了7万元，第一年和第二年的利息怎么还不一样？（庭审中小赵律师提出要将第一年多出的7万元折抵本金）

友情提醒：

根据前述分析，我们已经得知，案件中的《投资入股协议书》性质其实为民间借贷合同，《最高人民法院关于审理民间借贷案件适用法律若干问题的规定》自2015年9月1日起施行，对于民间借贷合同的利率有明确的法律规定，不由当事人随意约定。

法律拓展：

《最高人民法院关于审理民间借贷案件适用法律若干问题的规定》第二十六条规定，借贷双方约定的利率未超过年利率24%，出借人请求借款人按照约定的利率支付利息的，人民法院应予支持。

借贷双方约定的利率超过年利率36%，超过部分的利息约定无效。借款人请求出借人返还已支付的超过年利率36%部分的利息的，人民法院应予支持。

也许你开始纳闷了，低于24%法院支持，高于36%法院反对，那24%～36%的呢？

法律说：这部分充分尊重协议双方的意思自治，给了的就不要再要了，不给的也不强迫。

回到本案中，我们来算算法院为什么这么判：

	≤24%	24% ~36%	≥36%
第一年	50w×24% =12w	50w（36% -24%） =6w	25w -12w -6w =7w
第二年	（50 -7） w×24% =10.32w		

注：第一年24% ~36%的部分小赵已经给的就不能再要求小王返还，法院支持了小赵用超过36%的7万元折抵本金的诉求；第二年法院仅支持43万元本金24%以内的利息。

诉讼小技巧：律师如果代理小赵一方，第一年多出的7万元一定要主张折抵本金，后面相应的利息会减少。

三、借钱利息提前清，法律劝你等一等

场景三：

又是一年年底聚会，还是前文的小王，有个朋友小黄家里遇到点难事着急用钱，向小王开口借6万元，利息好说，用半年就还。小王心善，不好意思不帮，但是上次吃了亏，心里又有点膈应。最后，小王和小黄协商，6万元半年的利息就要6000块钱，直接从本金里面扣除，给小黄5.4万元应急，半年后还本金6万元就可以。

友情提醒：

小王的行为俗称“抽头”，这是法律明文禁止的，此行为不可取。

法律拓展：

《合同法》第二百条规定，借款的利息不得预先在本金中扣除。利息预先在本金中扣除的，应当按照实际借款数额返还借款并计算利息。

《最高人民法院关于审理民间借贷案件适用法律若干问题的规定》第二十七条规定：“借据、收据、欠条等债权凭证载明的借款金额，一般认定为本金。预先在本金中扣除利息的，人民法院应当将实际出借的金额认定为本金。”

所以，本案中法院只会认定小王借给小黄的本金为5.4万元，按照双方约定的半年利息10%计算，小黄半年后还小王5.4万元+5.4万元×10% =5.94万元即可。

民间借贷纠纷若干实务问题的司法裁判要点

综合法律业务与商业诉讼事业部　林涛律师

2015 年 8 月 6 日，最高人民法院发布了《关于审理民间借贷案件适用法律若干问题的规定》（以下简称《规定》），《规定》实施后，全国各级法院审理了大量民间借贷案件，笔者收集整理了最高人民法院及北京、上海、广东等地方高院的判决，梳理出以下问题的司法观点供大家参考：

一、民间借贷案件中出借人与借款人举证责任的范围

民间借贷一般具有当事人较少、法律关系相对简单的特点，其主要证据就是借据。《合同法》第二百一十条规定，自然人之间的借款合同，自贷款人提供借款时生效。由此可以得出，民间借贷系实践性合同，自出借人给付借款时生效。

因此，出借人应对其已经履行交付借款的义务承担举证责任，具体包括借款金额、期限、利率以及款项的交付等能够证明借贷合理发生的事实。借款人则应承担其已经还款的举证责任，具体而言是指：出借人在提供借款人签名或者盖章的借条、收据等书面文件外，还应当对款项的出借时间、地点、款项来源、用途等具体过程和事由进行说明。

借款人对借据内容的笔迹或者签字盖章的真实性提出异议的，双方当事人可以提供补充证据或者反驳证据，提出异议一方还应申请鉴定，以便人民法院厘清案件的基本借贷事实。

二、某些特殊民间借贷行为的合法与非法

根据最高人民法院相关判决的司法观点并结合《规定》第十四条的内容，在司法实践中下列民间借贷行为不应予以保护：

（一）以“标会”等形式向不特定多数人非法集资的；

（二）以向他人出借资金牟利为业的“地下钱庄”，非法投资融资的。

下列民间借贷行为则应得到保护：

（一）依照《公司法》等法律规定的条件和程序募集资金的；

（二）为企业生产经营需要向特定的自然人进行的临时性小额借款；

（三）企业非以获取高额利息为目的，临时向自然人提供的小额借款。

三、无效民间借贷合同的认定

自然人之间的借贷合同、自然人与非金融企业之间的借贷合同一般应认定为有效，但涉及下列民间借贷行为的合同应认定为无效：

（一）违反法律、行政法规的强制性规定的借贷合同无效

《商业银行法》第十一条规定，未经国务院银行业监督管理机构批准，任何单位和个人不得从事吸收公众存款等商业银行业务。该条属于效力性强制性规定，出借方或者借款方未经金融主管部门依法审批吸收资金，或者借用合法经营的形式吸收资金，违反了前述规定而无效。担保公司超出核准经营的范围，违规发放借款，亦因违反《商业银行法》第十一条的规定而无效。

根据《最高人民法院关于如何确认公民与企业之间借贷行为效力问题的批复》的规定，下列借贷合同无效：“（一）企业以借贷名义向职工非法集资；（二）企业以借贷名义非法向社会集资；（三）企业以借贷名义向社会公众发放贷款；（四）其他违反法律、行政法规的行为。”

根据《典当管理办法》第二十六条的规定，典当企业不得从事发放信用贷款的业务，因此，如果典当企业与债务人签订典当合同，出借款项未依法设定抵

押、质押的，违反前述规定而应认定为无效。

（二）损害社会公共利益的借贷行为无效

如因偿还赌债、吸毒犯贩毒等非法行为签订的借贷等，因违反公共利益而无效。

四、无效民间借贷行为的责任承担

关于无效民间借贷行为的责任承担问题，目前的司法实践中存在两种观点。观点一认为：应按照有关司法解释的规定，判令返还本金，对出资方已经取得或者约定取得的利息应予收缴，对另一方则应处以相当于银行利息的罚款；观点二则认为：应当区别情况进行不同处理。对一般的无效借贷，应当只是在认定无效的情况下判令借款方向出借方归还本金，同时对当事人能够举证证明因合同无效而造成的损失，应当按照当事人的过错决定责任承担，或者直接按照同期银行活期存款利率的标准，由借款方向出借方支付因占用资金所产生的法定孳息或者赔偿。

对于约定的利息无论取得与否均不予追缴，对借用方也不再进行罚款。但对于借款合同无效，同时有损于国家或者社会公共利益的（判断标准：借款方将借款用于法律所禁止的行为或者目的，并且出借方向借款人出借款项主观上存在过失），人民法院对贷款方已经取得和尚未取得的约定利息与国家法定同期活期存款利息之间的利差部分仍然予以追缴。对借款方处以相当于银行同期借款利息的罚款。笔者同意上述第二种观点。

五、企业间借贷合同的效力认定

结合《规定》第十一条、第十二条并根据最高人民法院在相关判决中的最新司法观点，在企业间借贷合同的效力认定上，应当区别认定不同借贷行为的性质与效力。对不具备从事金融业务资质，但实际经营放贷业务、以放贷收益作为企业主要利润来源的，应当认定借款合同无效。在无效后果的处理上，因借贷双方对此均有过错，借款人不应当据此获得额外收益。根据公平原则，借款人在返还借款本金的同时，应当参照当地的同期同类贷款平均利率的标准，同时返还资金占用期间的利息。

对不具备从事金融业务资质的企业之间，为生产经营需要所进行的临时性资金拆借行为，如提供资金的一方并非以资金融通为常业，不属于违反国家金融管制的强制性规定的情形，不应当认定借款合同无效。对偶尔的、以自有资金进行的借贷，在不违背法定利率范围的情况下亦可以确认其效力。

六、企业集团财务公司为成员单位和非成员单位之间办理委托贷款签订的委托贷款合同的效力认定

委托贷款，系指由政府部门、企事业单位及个人等委托人提供资金，由贷款人（即受托人）根据委托人确定的贷款对象、用途、金额、期限、利率等代为发放、监督使用并协助收回的贷款。《企业集团财务公司管理办法》第二十八条规定，企业集团财务公司可以办理成员单位之间的委托贷款。由此可见，企业集团财务公司可以作为受托人办理委托贷款业务，但其只能在成员单位之间办理委托贷款业务。

在司法实务中，存在着企业集团财务公司为成员单位和非成员单位之间办理委托贷款的情形，在该种情形下，当事人之间签订的贷款协议的效力如何认定，存在争议。针对这一争议问题，最高人民法院在（2010）民二他字第29号《关于原告宁夏电力投资集团有限公司诉被告中国电力财务有限公司西北分公司、第三人宁夏华源冶金实业有限公司、第三人李文胜委托贷款合同纠纷一案请示的答复》中，作出了肯定其效力的认定。

该答复载明：请示案件主要涉及《委托贷款合同》的效力问题，解决该问题的关键取决于受托人是否具有进行委托贷款的资质。根据《民法通则》第七条以及《企业集团财务公司管理办法》第二条、第三条、第十八条、第二十八条的规定，财务公司是为企业集团成员单位提供财务管理服务的非银行金融机

构。财务公司可以办理成员单位之间的委托贷款及委托投资。财务公司的代表处不得经营业务，只限于从事业务推介、客户服务、债权催收以及信息的收集、反馈等相关工作。请示案件中，在签订合同之时，受托人为西北电力集团财务有限公司宁夏业务代表处，用资人宁夏华源冶金实业有限公司并非宁夏电力系统内成员单位。

但上述办法的规定系管理性规定，且尽管业务代理处不具有办理委托贷款业务的资质，但其民事责任应由其上一级机构承担，在其上一级机构西北电力集团财务有限公司具有金融业务资质、当事人基于意思自治签订合同的情形下，不应否定合同的效力。

借款合同中的利息、罚息、复利的概念及各自的计收标准你清楚吗？

综合法律业务与商业诉讼事业部　林涛律师

我们在实践中经常处理一些涉及金融机构的借款合同纠纷案件，这些案件看似简单，但其中涉及的诸多法律问题值得探讨和研究。以笔者多年来处理此类案件的经验来看，有一个主要法律问题容易被我们忽略，处理不当甚至会影响案件的最终结果。

我们在审查金融机构拟审的借款合同时常见金融机构与借款人之间约定：如果借款人逾期偿还借款，借款人同意“对应付未付利息计收复利”。这里的“应付未付利息”应如何理解呢？是仅指借款期限内的未付利息，还是也包括借款期限届满后逾期未付的利息？

这个问题在我国目前的金融监管政策、金融实务操作及司法实践中均存在争议。

在我国当前金融监管政策方面，中国人民银行《人民币利率管理规定》第二十五条规定：“逾期贷款或挤占挪用贷款，从逾期或挤占挪用之日起，按罚息利率计收罚息，直到清偿本息为止，遇罚息利率调整分段计息。对贷款逾期或挪用期间不能按期支付的利息按罚息利率按季（短期贷款也可按月）计收复利……”

上述规定明确了贷款逾期后只有罚息，并可对罚息计收复利。据此，复利是指在一定条件下，将所生利息加入本金后再计算的利息；而《合同法》第二百零七条规定的“逾期利息”，即指罚息。

为此，笔者曾经专门向中国银行业监督管理委员会和中国人民银行进行了走访咨询，所得答复均是：依据上述法律和金融监管行政法规的规定，利息、复利和罚息的概念和内涵各不相同，不应混淆。所谓借款合同中约定的“应付未付利息”的含义，应当仅指《合同法》第二百零五条规定的“借款人应当按照约定的期限支付利息”的利息，即借款合同中约定的借款期限内的未付利息。而借款合同约定的借款期限届满后，只应计算罚息。而各金融机构所草拟的相关借款合同格式文本，均应报相关金融监管部门备案，因此，各金融机构对于有关利息、复利和罚息的计收标准及相关规定应当知晓。

在各金融机构相关金融实务操作方面，对金融借款合同中约定的“应付未付利息”的含义理解和执行标准也不一致。

目前，多数金融机构均将“应付未付利息”的含义理解为既包括借款合同中约定的借款期限内的未付利息，也包括借款合同中约定的借款期限届满后逾期未付的利息，即利息和罚息均应依金融借款合同中约定的“对应付未付利息计收复利”内容计收复利。但已经有部分金融机构意识到“应付未付利息”在字面理解上存在约定不明、易产生歧义的问题，并且已经对相关金融借款合同格式条款进行了修改，如某银行及其下属各分支机构使用的金融借款合同格式文本中，均明确约定“借款期限内不能按期支付的利息按借款合同利率计收复利，借款逾期后改按罚息利率计收复利；借款逾期后，从逾期之日起，本合同项下逾期未还借款按合同约定的借款利率的130%计收罚息”，即不再使用“应付未付利息”概念，而是明确约定了罚息的计收标准，并分别对借款期限内未付利息计收复利及标准，对借款期限届满后逾期未付利息计收复利及标准作了明确约定。

但是各金融机构对“应付未付利息”的上述理解或者解释，与中国银行业监督管理委员会和中国人民银行的上述答复精神并不相符。

法院在很长一段时间的司法实践中，对借款合同中约定的“应付未付利息”含义的理解和执行标准也存在上述金融监管部门与金融机构的两种不同意见和解释。

例如，2003 年 3 月北京市高级人民法院制定的《北京市高级人民法院审理民商事案件若干问题的解答之四》第四条“如何计收贷款利息、罚息和复利?”规定：“借款合同借款期限内的利息计算标准包括利率、复利的计算标准。合同有约定的，按照合同约定；合同没有约定或约定违反了国家金融主管部门关于利率、复利的强制性规定的，按照中国人民银行规定的利率标准计算。借款合同借款期限届满后的罚息，实质为借款人逾期付款的违约金，合同中有约定的从约定，无约定的，按照中国人民银行同期逾期贷款的罚息标准计算违约金。借款期限届满后只计算罚息，不再计收利息和复利。”

据此，当时北京法院认为由于罚息具有违约金性质，已经足以对债权人相应损失进行弥补，同时对债务人进行一定的惩罚，因此规定“借款期限届满后只计算罚息，不再计收利息和复利”。

但是，随着我国金融体制改革的不断发展，金融借贷利率政策、标准的市场化开放，允许金融机构与借款人之间就利率的计收方式和计收标准在金融监管政策规定的范围内进行协商约定。

因此，我们认为如果借款合同中明确约定对借款期限届满后逾期未付的利息即罚息计收复利，则人民法院应当从其约定予以支持。而有关金融监管部门也应该加强规范，比照上述某银行的借款合同文本督促各金融机构及时统一借款合同中有关利息、罚息、复利的概念及各自的计收标准。

债权人行使撤销权案件应当注意的几个法律问题

综合法律业务与商业诉讼事业部　林涛律师

近几年，我们在司法实践中经常会遇到债权人行使撤销权的案件，这类案件专业性比较强，其中涉及的诸多法律问题都很值得我们探讨和研究。以笔者多年来处理此类案件的经验来看，此类案件有两个主要法律问题在实践中应优先予以考虑。

我们首先了解一下我国《合同法》中对债权人行使撤销权的明确规定。

颁布于 1999 年的《合同法》第七十四条规定："因债务人放弃其到期债权或者无偿转让财产，对债权人造成损害的，债权人可以请求人民法院撤销债务人的行为。债务人以明显不合理的低价转让财产，对债权人造成损害，并且受让人知道该情形的，债权人也可以请求人民法院撤销债务人的行为。撤销权的行使范围以债权人的债权为限。债权人行使撤销权的必要费用，由债务人负担。"第七十五条规定："撤销权自债权人知道或者应当知道撤销事由之日起一年内行使。自债务人的行为发生之日起五年内没有行使撤销权的，该撤销权消灭。"根据上述条款的规定，债权人行使撤销权应当严格遵守如下四个条件：

（1）债务人以明显不合理的低价转让财产；

（2）债务人转让财产的行为给债权人造成损害；

（3）受让人明知其以不合理的低价受让财产将会给债权人造成损害；

（4）债权人在法定期间内行使撤销权。

在上述四个条件中，我们应重点关注在第一个条件中如何界定何为"明显不合理的低价"。在《最高人民法院关于适用〈中华人民共和国合同法〉若干问题的解释（二）》颁布实施之前，各级人民法院在界定何为明显不合理的低价时标准不统一，对此问题自由裁量权的行使随意性较大。

2009 年 5 月 13 日实施的《最高人民法院关于适用〈中华人民共和国合同法〉若干问题的解释（二）》第十九条规定，对于合同法第七十四条规定的“明显不合理的低价”，人民法院应当以交易当地一般经营者的判断，并参考交易当时交易地的物价部门指导价或者市场交易价，结合其他相关因素综合考虑予以确认。转让价格达不到交易时交易地的指导价或者市场交易价百分之七十的，一般可以视为明显不合理的低价。

在这里需要明确指出的是，虽然最高人民法院上述条款对“明显不合理的低价”作出了一个 70% 的量化标准，但我们应该认识到这个标准只是一般的参考示范标准，在实践中不宜“一刀切”，即只要涉案转让财产的估值鉴定结果低于交易时交易地的指导价或者市场交易价 70% 的就一概认定为明显不合理的低价。

为什么这样说呢？因为转让财产的行为和转让财产的性质具有复杂性，很难硬性规定一个绝对的、统一化的低价标准。比如，实践中具有很强时令性或容易腐烂变质的海鲜等在保质期将届满时转让，其价格很有可能低于市场价的 70%，所以本条款的表述使用了“一般可以视为明显不合理的低价”的字眼，“一般”意味着不能排除特殊情形，“可以”意味着应该具体问题具体分析，不能搞“一刀切”、简单化。

我们对“明显不合理的低价”的判断标准应该是第十九条的第一款，即“人民法院应当以交易当地一般经营者的判断，并参考交易当时交易地的物价部门指导价或者市场交易价，结合其他相关因素综合考虑予以确认”。针对每一个个案，结合案件实际情况具体分析才是解决此类问题的最妥当的方法。

对于债权人行使撤销权案件第二个值得我们关注的问题是债权人行使撤销权的范围。我国《合同法》对于债权人行使撤销权规定了严格的适用条件，债权人行使撤销权的范围应当仅限于对债权人负有直接债务的债务人向第三人转让财产的情形，而不能肆意扩大。只有这样，才能在保障债权人实现债权的同时，也保护第三人将财产再转让合同的稳定性和交易安全。如果把债权人行使撤销权的范围随意扩大至受让财产的“第四人甚至第五人”，那么此种行为不仅是对法律规定的肆意扩大解释，同时也将导致“善意取得制度”形同虚设，不利于维护商事交易的稳定性。

（二）民事侵权

归心似箭，但别让“拼车”阻却回家的路

综合法律业务与商业诉讼事业部　王姣姣律师

春节将至，常年在外的游子无不归心似箭，门上的红对联、热腾腾的年夜饭、家人团聚的欢声笑语、一起吐槽春晚的乐趣，无一不在牵扯着游子的心。

然而春运当前，即使每天狂刷12306，有时也是一票难求，于是“拼车”回家逐渐成为新的潮流。可是，弄潮儿们，你嗅到“拼车”中的危险气息了吗？

让我们来看看元旦期间的新闻报道：

12月31日，老周因没有买到回家的票，便通过某同城网站找老乡拼车，双方约定交钱换票，但老周交完钱后却迟迟未等来拼车的“票”，而那个所谓“老乡”也消失得无影无踪，再也没有联系上。

1月1日凌晨2时许，张某于火车站下车后，与两名男子拼车返乡。行至某村时，两名男子抢走张某现金4500元。

可见，一些犯罪分子趁着人们假日期间返乡心切且抢票困难，故以“拼车”为诱饵伺机作案，“拼车”为虚，犯罪为实！

为帮助大家更好地认识“拼车”行为，运用法律知识降低“拼车”风险，笔者将主要从以下几个方面出发，对“拼车”作出一个简要的法律分析：

一、拼车是否合法

在中国市场，拼车行为由来已久，且发展势头迅猛，“滴滴拼车”就是代

表，刚退出中国市场的优步也曾大力拓展此项业务。但是，“拼车”在国内一直处于不清不楚的尴尬地位，立法进程明显落后于行业发展，以致执法相对武断，曾一度沦为“黑车”。

直到2016年7月26日国务院出台《关于深化改革推进出租汽车行业健康发展的指导意见》，交通运输部、工业和信息化部、公安部、商务部、工商总局、质检总局、国家网信办7个部门联合颁布了《网络预约出租汽车经营服务管理暂行办法》之后，网约车市场才初步得以规范。

二、拼车的常见分类

以运送的对象为标准进行分类，“拼车”可分为“人的拼车”和“物的拼车”两大类，在此仅讨论“人的拼车”问题。

人的拼车行为分为“无偿拼车”和“有偿拼车”两类。但无论有偿还是无偿，市面上大家接触最多的拼车载体无非是出租车和私家车两种，由此针对不同的交通载体可产生四种形式，分别为有偿使用出租车、无偿使用出租车、有偿使用私家车、无偿使用私家车。由于无偿使用出租车的情形在实践中并不多见，故在此仅讨论另外三种形式的民事法律关系。

三、拼车的民事法律关系

民事法律关系是指根据民事法律规范确立的以民事权利义务为内容的社会关系，是由民事法律规范调整而形成的社会关系。

出租车是有运营资格的车辆，当事人之间的民事法律关系主要包含两种情况：一是拼车行为发生之前，司机与首位乘客之间适用运输民事法律关系，该法律关系受法律保护和调整，发生侵权时可直接按照合同约定和法定标准予以侵权索赔；二是拼车行为发生后，由于次乘的加入，相关法律关系开始变得复杂。

一方面，首乘同意拼车时，根据依法成立的合同自成立时生效的规定，在不违反合同法关于无效合同和合同终止的相关规定时，次乘搭载的行为并不能影响运输合同的效力，原运输合同继续有效，只是合同的主体和内容产生变更。运输合同的甲方由首乘变为首乘和次乘共同拥有，运输合同的内容变为首乘和次乘共享司机的运输服务。另一方面，如果首乘不同意拼车，但司机执意搭载次乘，对首乘来说原有的运输合同并没有因为司机的违约而无效，只是产生了瑕疵。至于司机与次乘之间的行为，由于违背《出租汽车客运服务规范》的相关规定，属于违法行为。

私家车的拼车行为由于缺乏法律的明文规定，法理上主要存在以下看法：

（一）好意施惠。司机完全是为了给他人提供方便而无偿将搭乘者送至目的地。此行为并无受其约束的意思表示，不能产生法律上的权利义务关系。

（二）非法营运。没有运营资格的车辆私自运载乘客并收取一定费用，此类车辆被定义为“黑车”，这类行为构成对正常的出租车经营管理秩序的扰乱，构成非法营运，应予以打击取缔。

四、拼车发生事故后的损害赔偿

如上所述，出租车的拼车行为因运输合同的存在，司机有义务保护乘客的安全，发生交通事故后司机应充分履行救助义务。依据《合同法》第三百零二条第一款之规定，承运人应当对运输过程中旅客的伤亡承担损害赔偿责任，但伤亡是旅客自身健康原因造成的或者承运人证明伤亡是旅客故意、重大过失造成的除外。出租车公司作为司机的雇主，需要对雇员的侵权行为对外承担连带责任，且市面上的正规出租车均有大额保险，该类车辆发生事故后可向司机、出租车公司及投保车辆的保险公司追偿。所以，此类型拼车较有保障。

相信很多过年回家的小伙伴们很乐意找老乡“搭顺风车”，此乃典型的好意施惠行为。好意施惠关系，指当事人之间无意设定法律上的权利义务关系，而由当事人一方基于良好的道德风尚实施的使另一方受恩惠的关系。简言之，好意施惠的当事人之间就其约定欠缺法律上的效果意思，无受其约定约束的意思。既为好意，且无法律上的权利义务关系，故此行为发生交通事故致人身损害时，无法按照一般交通事故要求司机承担赔偿责任。

好意搭乘致人损害本质是情谊侵权行为，实践中大多数法官一方面考虑到好意搭乘的无偿性、情谊性，另一方面考虑到同乘人本身存在一定的过错，诸如明知好意人无证驾驶、无牌驾驶或违规载客等仍然搭乘的过错。另外，有些法官不论同乘人是否存在过错，只是出于善良风俗或权利义务相统一的考量会减轻甚至免除驾驶人的责任。所以，好意搭乘有风险，老乡“顺风”难顺风！

至于有偿使用私家车，此乃我国严厉打击的“非法营运”行为，即乘坐“黑车”。此种行为不受法律保护，请大家避而远之！

回家路上安全至上！正因为我们没有火眼金睛，为防止诈骗、敲诈等犯罪行为，才更应该乘坐有运营资格的正规车辆。在此，希望大家都能平安回家、团圆过年！

代购有风险，海淘需谨慎！

民事侵权专业组　李甜律师

严格来说，代购并非现代文明的产物，笔者保守追溯至春秋战国时期著名海外代购六达人——白圭、子贡、管仲、弦高、吕不韦以及富甲陶朱公范蠡。

大型海外代购博览会——丝绸之路。

现代海外代购：代购者接受境内消费者的委托，向境外销售者购买指定商品，或将其已购境外商品转卖国内消费者，并以物品形式进境（交付国内消费者），收取约定费用（含服务费、关税、运费等）。

一、部分海代商品存在的问题：假货+无售后

因剔除层层供应商，海外代购存在较大的价格优势，加之降低时间成本、突破地域限制，海外代购满足了全球范围内资源整合的消费刚需。但代购市场鱼龙混杂，代购商承诺的“支持专柜/全球验货”无从兑现，所提供的专柜发票与地铁口大爷批发的假发票难分高下。

《海关总署公告2018年第194号》规定：跨境电子商务零售进口商品申报前，跨境电子商务平台企业或电子商务企业境内代理人、支付企业、物流企业应当分别通过国际贸易“单一窗口”或跨境电子商务通关服务平台向海关传输交易、支付、物流等电子信息，并对数据真实性承担相应责任，于是大批所谓奢侈品成了出国逛一圈再回来的国产高仿，“假海代”严重损害了消费者的权益。

相比海代，海淘则完全剔除代购方，进一步降低商品价格。国外海淘（如各国亚马逊、各国化妆品官网等），或国内跨境电商（聚美、网易考拉等）的海

淘模式在产品来源上些许靠谱，但虚假海淘网站也不在少数。部分海淘商品需要转运入境，相当一部分消费者对如何选择包税、免税仓库的转运公司往往不得要领。

海代与海淘商品的售后总体较差。境外厂商对远渡重洋的产品售后鞭长莫及，跨境返厂维修的邮费高于产品价格更是常有之事。

二、海代商品的通关

海外代购商品的通关方式包括以货物形式通关和以物品形式通关。“货物”和“物品”的认定，关系到对其适用何种进口税征税规则，也直接决定着境内消费者承担税负的高低。

1. 代购“货品进口”与“物品进境”之分

根据《海关法》《进出口关税条例》的相关规定，供个人自用、数量合理的，认定为进境物品，此外视为进口货物。所谓自用，限定于本人使用或赠送亲友，而不是为了出售或出租。而合理数量，则属海关自由裁量权的范畴。进境物品具有一定的免税额，一定数额以下的进境物品无须缴纳进口税（《海关总署公告 2010 年第 54 号》)。

代购者并单后统一代购或囤货进境，显然不为个人自用，且数量超过个人可携带或邮寄的合理范围，因此应当按照货物进口的标准缴纳进口税。而海淘多由个人下单，境外销售者单件发给境内消费者，适用进境物品的征税规则。

2. 进口货物和进境物品适用不同的进口税征税规则

	进口货物（海代）	进境物品（海淘）
法律依据	《海关进出口货物征税管理办法》《消费税暂行条例》《增值税暂行条例》	《进出口关税条例》
征税内容	关税与海关在进口环节代征的消费税、增值税分别计征，单独计算进口环节增值税，部分进口货物还要征收消费税。	关税和进口环节海关代征税（增值税和消费税）三税合一，称为“行邮税”。
征税方式	从价计征、从量计征或者国家规定的其他方式，进口货物完税价格确定方式（《进出口关税条例》第十八条规定：完税价格，由货物成交价格以及该货物运抵中国境内输入地点起卸前的相关费用为审查基础)。	从价计征，进境物品的完税价格和税率由《进境物品归类表》、《进境物品完税价格表》和《进境物品进口税税率表》确定。

续 表

	进口货物（海代）	进境物品（海淘）
税收负担	如配方奶粉，关税的普通税率是 40%，增值税率是 17%，不征收消费税，进口货物征税税率为 57%。	如配方奶粉按照进境物品征税，行邮税税率为 10%。

如上表所示，进境物品的征税遵循便利进境和简化通关的原则，进境物品在税率、完税价格及商品归类等重要征税要素上的规定均非常简单。进口货品与进境物品的完税价格相差不大，但二者的税率相差较大，税收负担也相应悬殊。

3. 海代商品走私入关

基于前述进口货物和进境物品的税负差异，不少代购者违反《海关法》的相关规定，将代购商品以进境物品的形式通关，如某公司将其购买的大量品牌鞋拆分并伪报成免税的小包裹，通过邮递渠道以个人物品向海关申报进口，并将公司员工作为包裹的收件人提取包裹，再通过该公司的网店将品牌鞋售卖给国内客户①，逃避海关监管、偷逃部分应缴进口税。

三、海外代购坑坑相望

1. 虚报（低报）商品性质、商品价值及入境不申报的行为均构成走私违法行为，严重的可能构成犯罪

根据《刑法》第一百五十三条的规定，走私国家禁止进出口货物、物品以外的货物、物品的，偷逃应缴税额较大或者一年内曾因走私被给予二次行政处罚后又走私的，构成走私普通货物、物品罪。海外代购走私的对象一般不属于国家禁止进出口的货物、物品，符合《刑法》第一百五十三条的规定的，海外代购走私构成走私普通货物、物品罪，如“空姐代购走私案”。

2. 代购者未取得经营许可资格的，代购商品存在重大安全问题

根据我国《进出口商品检验法》的相关规定，对于《出入境检验检疫机构

① （2015）穗中法刑二初字第 110 号。

实施检验检疫的进出境商品目录》内的进口商品，在通关时要经过我国检验检疫机关的检验检疫，未经检验检疫的商品不得销售。

例如，“徐某某生产、销售假药案”[①] 中，代购者未取得进口药品注册证书、药品经营许可证的情况下，通过名为“super 德国购”的“网店”销售海外代购的假药。代购者销售以假药论处的药品，该行为构成销售假药罪。海外代购走私进口的食、药品未经检验检疫，存在极大的质量隐患及潜在疾病风险。

3. 虚构代购商品或其参数

（1）代购商品与宣传不符。例如，“施某与李某、浙江淘宝网络有限公司网络购物合同纠纷案”[②]，代购产品无产品质量检验合格证明、无厂名厂址等相关信息，违反了《产品质量法》第二条、第二十七条关于产品标识的规定，该行为构成欺诈，消费者有权请求法院予以撤销并主张损害赔偿。

（2）不存在真实的代购货物。例如，“朱某某诈骗案”[③] 开通一个专用于发布海外代购的微信号，私自下载他人代购图、商品图发布在其朋友圈，在明知自己无法提供任何产品的情况下，要求被害人支付货款，系以非法占有为目的，虚构事实，骗取他人财物，数额较大的，其行为构成诈骗罪。

4. 跨境电商平台责任范围尚不明确

例如，网易考拉海购、顺丰海淘、淘宝、京东等电子商务平台引入海淘业务（全球购、海外购及海外旗舰店），类似 C2C 的海外代购模式逐渐被电商 B2C 模式所取代，但跨境电商平台责任范围究竟是严格的产品责任、销售者信息提供责任还是承担网络服务提供者过错责任，尚不明确。

（1）严格的产品责任。例如，“汪某与某信息科技（上海）有限公司网络购物合同纠纷”[④]。法院认为，进口预包装食品张贴中文标签是食品销售者的法定义务，通过网络销售平台中商品页面预先明示的方式，无法免除其作为销售者贴

---

① （2015）松刑初字第 427 号。
② （2015）启开民初字第 02570 号。
③ （2015）开刑初字第 00600 号。
④ （2015）深龙法地民初字第 1491 号。

示中文标签的法定义务，平台须承担十倍惩罚性赔偿。

（2）销售者信息提供责任。网络交易平台提供者不能提供销售者或者服务者的真实名称、地址和有效联系方式的，消费者可以向网络交易平台索赔。

（3）网络服务提供者责任。平台收到通知后未及时采取必要措施的，对损害的扩大部分与该网络用户承担连带责任。网络服务提供者知道网络用户利用其网络服务侵害他人民事权益，未采取必要措施的，与该网络用户承担连带责任。

5. 代购违禁品的，可能构成其他刑事犯罪

例如，戴某某走私弹药罪、非法持有枪支罪，戴某某向海淘代购的淘宝卖家购买一套组装气步枪的配件及拆换枪管 2 只、铅弹 500 发，该笔交易在淘宝网上的订单内容是某牌摩托车火嘴①。通过程某从境外购买气枪弹的事实，判决认定为走私气枪子弹的行为，已构成走私弹药罪；戴某某非法持有以压缩气体为动力的非军用枪支 2 支，其行为又构成非法持有枪支罪。犯数罪的，应当数罪并罚。

① （2014）渝高法刑终字第 00027 号。

逃得了淘宝，逃不了海淘

专利诉讼组　刘彬律师

网络作为21世纪最伟大的发明之一，不仅极大地便利了人们的生活，更为各个领域的人类生活方式带来了革新。购物尤其如此，十年前很难想象足不出户就能购物，五年前亦难想象足不出户就能享受大洋彼岸的服务。而今天，海淘让这一切真真切切地发生在你我身边。在这样一个人人都“下海淘珍”的时代，您真的了解海有多深吗?

海淘通常是指交易的一方为经营者的情形，消费者与经营者签订的合同定性为消费合同，属于消费者权益保护领域；与之不同，代购则是个人之间的买卖行为，买卖双方签订的合同大多定性为买卖合同，不属于消费者权益保护领域。

本文从法律角度仅探讨消费者在海淘中面临的风险，以及在发生纠纷时消费者应采取何种措施救济自身权利，不涉及个人代购情形。

如今的海淘主要通过以下几种途径：

（1）国内电商自营（如京东全球购、中国亚马逊海外购、网易考拉、西集等）；

（2）国内电商平台的第三方卖家（如京东全球购、中国亚马逊海外购等）；

（3）境外电商直邮（美国亚马逊、Macys、iherb等）；

（4）境外电商转运。

不管是何种海淘途径，都有一些注意事项让我们时刻警醒海淘这片“海”的深不可测。

一、注意事项要述

1. 通过跨境电商海淘，注意全额征税的起始点——单次交易满 2000 元、个人年度总交易满 20000 元。

2. “七天无理由退货”难适用于海淘。

3. 选择可靠的转运公司，否则可能钱货两空。

4. 有些商品禁止或限制入境，购买前请谨慎检查。

5. 海淘时做好功课，谨防国外钓鱼网站。

6. 产生纠纷积极协商，虽为境外主体，也可在国内起诉。

二、注意事项详解

1. 通过跨境电商海淘，注意全额征税的起始点——单次交易满 2000 元、个人年度总交易满 20000 元

根据财政部税收政策的规定，对“跨境电子商务零售进口商品”按照货物征收关税和进口环节增值税、消费税，单次交易限值为 2000 元，个人年度总交易限值为 20000 元。在限值以内进口的跨境电子商务零售进口商品，关税税率暂设为 0%，进口环节增值税、消费税取消免征税额，暂按法定应纳税额的 70% 征收。超过单次限值、累加后超过个人年度限值的单次交易，以及完税价格超过 2000 元限值的单个不可分割商品，将均按照一般贸易方式全额征税。那么，哪些商品属于“跨境电子商务零售进口商品”呢？简单地说，如果您给网站提供了身份证信息用于清关目的，则说明您购买的商品属于跨境电子商务零售进口商品，需要按照以上标准交税。

2. “七天无理由退货”难适用于海淘

根据《消费者权益保护法》第二十五条①的规定，对绝大多数商品来说，消费者通过网络购买商品可以享有后悔权，七天内无理由退货，但该权利在海淘时难以行使。经笔者调查发现，某些境内电商平台自营和第三方卖家均以各种理由拒绝提供七天无理由退货的服务。可见，实际中，海淘在适用《消费者权益保护法》方面仍存在不规范的地方。

当然，如果经营者提供的商品不符合质量要求，则与一般购物时相同，依据《消费者权益保护法》第二十四条②的规定，消费者可以依照国家规定和当事人约定退货、更换、修理。如果没有国家规定和当事人约定，消费者可以自收到商品之日起七日内退货；七日后可以根据情况要求退货、更换或修理。另外，由于退货、更换或修理产生的运费等必要费用由商家承担。

3. 选择可靠的转运公司，否则可能钱货两空

由于有些境外电商不能直邮中国，必须在当地找一个转运公司，货物先寄到转运公司，再由转运公司发往中国。而转运公司的服务模式通常是开账户充值预付运费的方式，一些小的转运公司可能存在多预估运费、不退还与实际运费差价等问题。更严重的，转运公司破产倒闭造成钱货两空。因此，消费者在选择转运公司之前，最好在海淘论坛上查一下该转运公司的口碑。

---

① 《消费者权益保护法》第二十五条：经营者采用网络、电视、电话、邮购等方式销售商品，消费者有权自收到商品之日起七日内退货，且无须说明理由，但下列商品除外：（一）消费者定作的；（二）鲜活易腐的；（三）在线下载或者消费者拆封的音像制品、计算机软件等数字化商品；（四）交付的报纸、期刊。

除前款所列商品外，其他根据商品性质并经消费者在购买时确认不宜退货的商品，不适用无理由退货。

消费者退货的商品应当完好。经营者应当自收到退回商品之日起七日内返还消费者支付的商品价款。退回商品的运费由消费者承担；经营者和消费者另有约定的，按照约定。

② 《消费者权益保护法》第二十四条：经营者提供的商品或者服务不符合质量要求的，消费者可以依照国家规定、当事人约定退货，或者要求经营者履行更换、修理等义务。没有国家规定和当事人约定的，消费者可以自收到商品之日起七日内退货；七日后符合法定解除合同条件的，消费者可以及时退货，不符合法定解除合同条件的，可以要求经营者履行更换、修理等义务。

依照前款规定进行退货、更换、修理的，经营者应当承担运输等必要费用。

4. 有些商品禁止或限制入境，购买前请谨慎检查

根据海关总署发布的《中华人民共和国禁止进出境物品表》和《中华人民共和国限制进出境物品表》、农业部与国家质量监督检验检疫总局联合发布的《中华人民共和国禁止携带、邮寄进境的动植物及其产品名录》、海关总署发布的《中华人民共和国海关进出境印刷品及音像制品监管办法》的规定，禁止或限制入境的违禁品共有 16 类，其中，禁止进境的物品有 7 种，限制的物品有 5 种，禁止入境的印刷音像制品有 4 种。

那么，海淘时应该特别注意哪些商品呢？澳洲龙虾、日本牛肉、东南亚水果、多肉植物能买吗？答案是不能。在这里，提醒一下大家感兴趣，但容易忽视的商品：仿真武器、动物源性奶及奶制品（包括液体奶制品、奶油、黄油、奶酪等）、生熟肉类及其制品、有违善良风俗的印刷音像制品、精神药物等。这些商品都是被禁止或限制入境的。

如果错买了违禁品，不但会被海关或检验检疫等相关部门截留并销毁，造成不必要的经济损失，甚至可能因持有违禁品而需要承担相应的刑事责任。

5. 海淘时做好功课，谨防国外钓鱼网站

海淘大多仅可使用信用卡进行支付，而只需要输入信用卡的卡号、有效期和后面的三位 CVV2 码即可完成支付。由此，只要信用卡信息泄露，就存在被盗刷的风险。一些小网站甚至专门靠所谓低价产品吸引客户，窃取信用卡信息，进而出现信用卡在海外被盗刷的情形，由此给消费者带来无尽的烦恼。对此，消费者可以申办透支额度低的信用卡专门用于海淘；如果不幸信用卡被盗刷，要第一时间联系银行锁卡，再联系网站取消订单。

6. 产生纠纷积极协商，虽为境外主体，也可在国内起诉

尽量购买电商平台自营产品，但如果运气不好买到假货、商品与商家描述不符、产品存在质量问题、转运过程中遗失等，可以采取以下措施解决：

自行联系网站或转运公司协商和解。针对境外公司，可通过电子邮件的方式沟通，大多数海外电商平台都可用英语进行交流。关于退货，如果已经收到货

物，则无法退还清关时缴纳的各种税费，并且通常还需自行支付邮费。

对于国内电商可采取以下方式进行售后服务（以下流程是国内某电商平台全球购的退换货流程）：

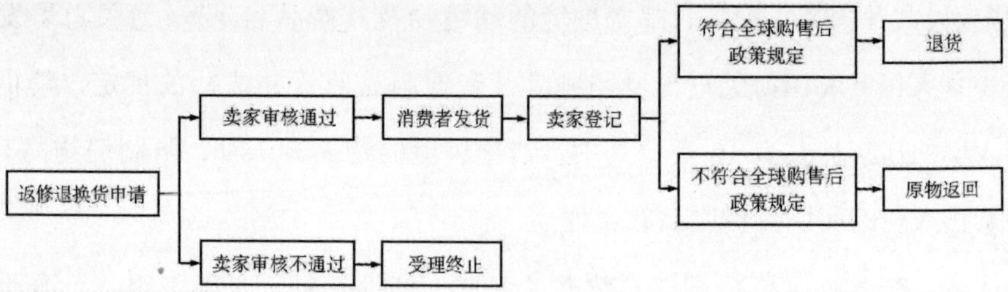

如果协商不成，可提起诉讼。

在海淘时应尽量保留购买过程以及与对方的沟通记录等关键证据。如果与国内电商平台的第三方销售者发生纠纷，依据《消费者权益保护法》第四十四条①的规定，消费者可以向第三方销售者主张权利要求赔偿，如果网络交易平台不能提供销售者信息，则消费者也可以向网络交易平台要求赔偿。依据《最高人民法院关于适用〈中华人民共和国民事诉讼法〉的解释》（以下简称《民诉法解释》）第二十条②的规定，消费者可以在自己住所地的法院提起诉讼。

如果与境外电商平台发生纠纷，虽然一方是境外主体，但依据《涉外民事关系法律适用法》第四十二条③和《民诉法解释》第二十条的规定，在中国有经常居所地的消费者适用中国的法律，消费者也可以在住所地的法院提起诉讼。

---

① 《消费者权益保护法》第四十四条：消费者通过网络交易平台购买商品或者接受服务，其合法权益受到损害的，可以向销售者或者服务者要求赔偿。网络交易平台提供者不能提供销售者或者服务者的真实名称、地址和有效联系方式的，消费者也可以向网络交易平台提供者要求赔偿；网络交易平台提供者作出更有利于消费者承诺的，应当履行承诺。网络交易平台提供者赔偿后，有权向销售者或者服务者追偿。

② 《最高人民法院关于适用〈中华人民共和国民事诉讼法〉的解释》第二十条：以信息网络方式订立的买卖合同，通过信息网络交付标的的，以买受人住所地为合同履行地；通过其他方式交付标的的，收货地为合同履行地。合同对履行地有约定的，从其约定。

③ 《涉外民事关系法律适用法》第四十二条：消费者合同，适用消费者经常居所地法律；消费者选择适用商品、服务提供地法律或者经营者在消费者经常居所地没有从事相关经营活动的，适用商品、服务提供地法律。

美联航超售事件的背后

消费者权益专业组　刘彬律师

美联航以残酷的事实告诉你，登上了飞机并不意味着你就可以拿出心爱的脖枕找姿势了，因为在飞机起飞之前你可能随时会被彪形大汉撵下飞机，在寒风中目送其他小伙伴远行。

本文暂且不论该事件是否涉嫌种族歧视，仅从消费者的角度分析航空服务领域的“超售”现象。

一、美联航强制乘客下机事件因航班“超售”而起，那么什么是超售

由于旅客购票后可能在不通知航空公司的情况下放弃旅行，从而造成航班座位的虚耗。为减少浪费以及满足更多旅客的出行需求，航空公司通常针对容易出现虚耗的航班进行适量超过该航班本身运载能力的销售，简称超售。我国加入的《统一国际航空运输某些规则的公约》（也称《蒙特利尔公约》）并没有对超售进行限制，超售是国际民航领域的惯例，各国的航班超售比例不尽相同，我国航空公司通常将超售比例控制在 3%—5%。

二、超售拒载的法律性质

旅客向航空公司购买机票属于订立合同的行为，双方之间建立了航空旅客运输合同关系，该合同自航空公司向旅客交付客票时成立且生效，航空公司应当在约定期间将旅客安全运输到目的地。如因机票超售造成旅客不能登机准时到达目

的地，航空公司则未尽合同约定的运输义务，构成违约。

三、我国航空公司针对超售的做法

针对超售的机票，我国航空公司会根据办理值机手续（即办理托运、换取登机牌）的先后顺序来确定具体哪位旅客不能登机。通常会在旅客办理值机手续时就告知旅客目前航班座位已满，并给出相应的解决方案。例如，在经济舱超售的情况下，如果公务舱或头等舱仍有空余座位，则航空公司会自动进行免费升舱，将旅客的经济舱升级至商务舱或头等舱，尽可能保证所有旅客都能出行。如果航班所有座位均满载，航空公司会在旅客办理值机手续时告知航班已满载并建议旅客换乘下一航班飞往目的地，航空公司工作人员也会积极与旅客就补偿数额进行协商。

虽然上述解决方式听起来合情合理，但遗憾的是，一方面目前我国对旅客因航班超售而被迫更换航班的补偿标准非常低，甚至远远低于机票票面价格；另一方面针对航班可能出现的超售情况，旅客在购票时并不充分知情。在这种情况下，航空公司侵犯了旅客的知情权和选择权，如果旅客在购票时即得知该季节此航线客流量大，所购机票存在超售，可能面临无法登机改换航班的风险，那么旅客享有选择其他交通工具（如火车、汽车等）出行的权利。

四、旅客应注意哪些事项

针对美联航此前发表声明称，在旅客购买机票时就已通过相应文字条款告知了旅客该航班存在超售。那么，以怎样的方式才算“告知”呢？根据我国法律规定，旅客应该注意这种告知是否足够显著，是否在字体大小、颜色、样式方面有突出的效果，是否对与消费者有重大利害关系的内容进行了醒目的提醒。根据我国《消费者权益保护法》第二十六条[①]的规定，对于与消费者有重大利害关系的内容，如果没有以显著的方式告知消费者，应被视为无效。

五、我国航班超售的相关判例

2014 年 8 月 17 日，原告王某在“去哪儿网”订购了被告中国东方航空股份有限公司（以下简称东方航空公司）的由上海浦东国际机场飞往罗马某机场的机票，原告的票价为人民币 4637 元，起飞时间为 2014 年 9 月 21 日 12 时 30 分，被告于当天完成出票。当原告按行程至浦东国际机场办理值机手续时，被告工作人员告知由于航班超售，原告不能登机。被告安排原告转乘当天其他航班未果后，原告接受被告安排改乘次日 12 时 30 分航班飞往罗马，并最终未接受机场提供的 2500 元经济补偿。后原告与被告就机票超售造成的损失协商不成，引发诉讼，要求被告赔偿。

上海市浦东新区人民法院经审理认为，因被告航班存在机票超售，导致原告不能登机准时到达目的地，并且安排改乘后的时间长达一天。原告的行程延误系由于被告的原因导致，被告已构成违约。在航班延误时间较长的情况下，对旅客产生的实际损失被告应当承担赔偿责任。

针对被告辩称其曾在其官网上对超售行为向旅客进行过公示的答辩意见，法院认为该种告知方式欠缺明确性和指向性，在本案原告的购票过程中并不能有效地进行提示，且超售对合同履行具有重大影响，应当向旅客予以特别提示，从而旅客能自行考虑是否选择购买存在超售可能性的机票，被告未尽到经营者的告知义务。

针对被告销售暗含超售性质的机票是否构成欺诈，法院认为，法律上对超售

---

① 《消费者权益保护法》第二十六条：经营者在经营活动中使用格式条款的，应当以显著方式提请消费者注意商品或者服务的数量和质量、价款或者费用、履行期限和方式、安全注意事项和风险警示、售后服务、民事责任等与消费者有重大利害关系的内容，并按照消费者的要求予以说明。

经营者不得以格式条款、通知、声明、店堂告示等方式，作出排除或者限制消费者权利、减轻或者免除经营者责任、加重消费者责任等对消费者不公平、不合理的规定，不得利用格式条款并借助技术手段强制交易。

格式条款、通知、声明、店堂告示等含有前款所列内容的，其内容无效。

行为未予明令禁止，民航总局在公开网站上也对超售进行了介绍和许可，对航班进行超售符合国际航空业的售票惯例。从主观上来看，在订立合同时出现超售，更多的是由于过分自信导致的过失，并非对包括原告在内的该航班所有购票人进行虚假宣传或者故意隐瞒真实情况的行为，因此，被告销售暗含超售性质的机票不构成欺诈。

最终，法院判决被告中国东方航空股份有限公司赔偿原告王某人民币 3369 元①。

六、结语

美联航强制乘客下机事件无疑在全球航空服务领域敲响了警钟，在竞争如此激烈的背景下，如何平衡航空公司的经济利益和旅客的合法权益将影响航空公司的发展。同时，也期望此次“喋血事件”能够对完善我国的相关立法起到积极的推进作用。

① （2015）浦民一（民）初字第 6762 号民事判决书。

“十一”出游，共享汽车约不约？

民事侵权专业组　何佳玲律师

“十一”加中秋长达八天的假期如约而至，高速免费通行对汽车族们来说可是一个大好福利，可是，没有汽车的少年们怎么办？不怕，咱们有共享汽车。随着共享单车的初步稳定发展，各种共享经济层出不穷，共享汽车也迫不及待地加入共享经济并崭露头角。在交通部和住建部《关于促进小微型客车租赁健康发展的指导意见》的出台肯定了共享汽车的发展模式后，共享汽车开始了飞跃式的发展，共享奥迪、共享宝马近期纷纷登场，引起了人们的极大关注。

在关注共享汽车发展的同时，人们也注意到由于共享汽车引起的侵权纠纷涉及多方、纠纷解决错综复杂等问题，往往出现久拖不决的结果。那么在实践中共享汽车究竟会遇到哪些侵权纠纷？侵权责任又该如何分配呢？

（一）由于共享汽车自身刹车等零配件出现问题或自身性能原因导致交通事故，由谁来赔偿损失

案例：甲租借某公司的共享汽车出行，不幸发生交通事故，后经查明是由于汽车自身刹车出现问题导致的事故。

笔者注意到，现在不少共享汽车 APP 中均有这样一条规定：“概不就汽车作出任何保证，无论是明示或默示的，包括任何关于汽车适用性或良好性的保证，包括共享租车的任何工作人员所涉及的对汽车作出的说明与评价，均不作为对汽车的保证。如果会员在驾驶过程中认为或确定汽车可能带来不安全，应立即停止使用汽车并联系共享租车”。

但这条规定并不能将汽车因性能原因导致的损害赔偿的责任转移给共享汽车

的使用人。

一方面，因为共享汽车的使用人与共享汽车平台之间是一种合同关系，双方的权利与义务受到合同法的规范。合同法中对于格式条款有明确的限制，即“提供格式条款一方免除其责任、加重对方责任、排除对方主要权利的，该条款无效”。共享汽车 APP 中对于汽车适用性或良好性免责的条款无效，因此，由于汽车自身的原因而导致的交通事故，赔偿责任应由共享汽车平台承担。

另一方面，共享汽车的使用人与共享汽车平台之间在签订合同的同时也建立了消费者和销售者之间的消费关系。共享汽车平台作为销售者，应保证其所提供的“产品”汽车无瑕疵，如果汽车平台未尽到对汽车进行定期检修、维护的责任，则因汽车自身的问题导致了交通事故，造成他人损害的，根据《侵权责任法》第四十二条的规定，共享汽车平台应承担侵权责任。

综上，由于共享汽车自身刹车等零配件出现问题或自身性能原因导致交通事故的，应该由共享汽车平台承担保险之外的赔偿责任。

（二）由于共享汽车使用者的原因导致的交通事故，由谁来赔偿损失

我国《侵权责任法》第四十九条规定：“因租赁、借用等情形机动车所有人与使用人不是同一人时，发生交通事故后属于该机动车一方责任的，由保险公司在机动车强制保险责任限额范围内予以赔偿。不足部分，由机动车使用人承担赔偿责任；机动车所有人对损害的发生有过错的，承担相应的赔偿责任。”

案例：甲未取得驾驶证，看到一辆未上锁的共享汽车，遂想来练车，不幸撞树。

上述案例中可以很明显地看出机动车的使用人对该损害的发生具有过错，应该承担大部分的赔偿责任。

那么在上述案例的情形下共享汽车平台就不用承担任何责任吗？笔者认为并不是。对于汽车是否在使用中，是否处于上锁状态等情况，共享汽车平台的后台其实是可以监测到的。因此，平台也可以预见到对于未上锁的汽车可能存在被盗开的风险，在这种情况下共享汽车平台也应承担一部分未尽到监管义务的责任。

同样的道理，共享汽车平台在审核用户驾驶资质上存在疏忽，使得无驾驶资格的人通过了平台的审核，由此发生了交通事故，共享汽车平台也不能将责任完全归结于使用者。

关于赔偿的范围，需指明的是，无论是共享汽车的使用人负赔偿责任，还是共享汽车平台负赔偿责任，赔偿的范围应限于交强险范围之外。

假期虽好，可是路况不好，约共享汽车的朋友们也需注意安全，在使用共享汽车的时候一定要注意仔细阅读租车 APP 的条款，租到车之后更需要检查车的外观和内部操作，以保护个人安全，避免安全隐患。

孩子在幼儿园“挨打”，家长该如何维权？

房地产与建设工程、基础设施专业组　刘雅纯律师

近年来，见诸媒体的幼儿园“虐童”事件频发，均触目惊心、令人发指。作为孩子的家长，我们都希望孩子能在安全的、健康的、充满爱的环境中成长，但是如果孩子在幼儿园受到了伤害，我们也要勇敢地面对，知道如何维权。

一、孩子“挨打”，幼儿园应当负责

（一）孩子在幼儿园受到“来自内部的伤害”，幼儿园应当负责

根据《中华人民共和国侵权责任法》（以下简称《侵权责任法》）第三十八条的规定，“无民事行为能力人在幼儿园、学校或者其他教育机构学习、生活期间受到人身损害的，幼儿园、学校或者其他教育机构应当承担责任，但能够证明尽到教育、管理职责的，不承担责任”。其中“无民事行为能力人”根据《中华人民共和国民法通则》第十二条第二款的规定，“不满十周岁的未成年人是无民事行为能力人，由他的法定代理人代理民事活动”。根据《中华人民共和国民法总则》第二十条的规定，“不满八周岁的未成年人为无民事行为能力人，由其法定代理人代理实施民事法律行为”，读幼儿园的孩子当然是无民事行为能力人。

“来自内部的伤害”主要包括：（1）来自幼儿园教职员工的伤害（如被幼师、保育员殴打或被幼儿园聘用的厨师、会计等后勤人员殴打）；（2）由于幼儿园未尽到管理责任受到的伤害（如孩子出于无人照管的情况下碰伤）；（3）由于幼儿园未尽管理责任购置了不安全的设备设施导致孩子受伤（如幼儿园购置的椅子质量不合格，孩子在使用的时候摔伤）；（4）幼儿园提供给孩子的食品、饮

用水、药品出现问题导致孩子受到伤害；（5）来自其他孩子的伤害。根据《侵权责任法》第三十八条的规定，孩子在幼儿园受到“来自内部的伤害”，幼儿园应当负责。

《侵权责任法》第三十八条包含一个“但书”，即“但能够证明尽到教育、管理职责的，不承担责任”。也就是说，幼儿园如果已经尽到了教育、管理职责，孩子受伤是由于不可抗力、意外事件或是自身身体原因造成的，幼儿园不负赔偿责任。但是，“证明尽到教育、管理职责”的举证责任归于幼儿园，如果幼儿园不能举证，则推定其未尽职责，存在过错，应当负赔偿责任。家长不需要主动证明。

（二）孩子在幼儿园受到“教育机构以外的人”的伤害，幼儿园应当负责

《侵权责任法》第四十条规定，“无民事行为能力人或者限制民事行为能力人在幼儿园、学校或者其他教育机构学习、生活期间，受到幼儿园、学校或者其他教育机构以外的人员人身损害的，由侵权人承担侵权责任；幼儿园、学校或者其他教育机构未尽到管理职责的，承担相应的补充责任”。

“教育机构以外的人”是与幼儿园没有劳动、劳务关系，不受幼儿园管理的人员，包括经幼儿园许可进入幼儿园的相关人员（如为幼儿园送货的人员、物业人员等），也包括未经幼儿园许可进入幼儿园的人（如擅自入园的幼儿家长、其他擅自闯入幼儿园的人等）。

孩子受到“教育机构以外的人”的伤害，由侵权人负责，幼儿园未尽管理职责的，承担补充责任。也就是说，家长应当首先向侵权人要求赔偿，当无法找到侵权人或侵权人不能完全赔偿时，家长可以要求幼儿园赔偿，幼儿园在其过错范围内进行赔偿。

二、孩子“挨打”，直接侵权人应当承担责任

无论是受到“来自内部的伤害”还是受到“教育机构以外的人”的伤害，都存在一个直接侵权人，包括幼儿园雇员、其他孩子、其他孩子的家长或者幼儿

园以外的其他人等。根据《侵权责任法》第六条“行为人因过错侵害他人民事权益，应当承担侵权责任”的规定，当孩子在幼儿园受到“来自内部的伤害”时，对孩子实施了直接侵害行为的人，如幼师、保育员、幼儿园的其他工作人员应当承担责任，其与幼儿园之间是连带责任，也就是说，孩子家长既可以要求直接侵权人赔偿，也可以要求幼儿园赔偿。当孩子受到了其他孩子伤害时，根据《最高人民法院关于审理人身损害赔偿案件适用法律若干问题的解释》第七条“对未成年人依法负有教育、管理、保护义务的学校、幼儿园或者其他教育机构，未尽职责范围内的相关义务致使未成年人遭受人身损害，或者未成年人致他人人身损害的，应当承担与其过错相应的赔偿责任”的规定，仍由幼儿园负赔偿责任。

三、赔偿责任的范围

《侵权责任法》第十六条规定，侵害他人造成人身损害的，应当赔偿医疗费、护理费、交通费等为治疗和康复支出的合理费用，以及因误工减少的收入。造成残疾的，还应当赔偿残疾生活辅助具费和残疾赔偿金。造成死亡的，还应当赔偿丧葬费和死亡赔偿金。

四、孩子“挨打”，不仅仅是民事侵权，侵权人还有可能构成犯罪

《中华人民共和国刑法修正案（九）》对《中华人民共和国刑法》第二百六十条增加了一条，即“第二百六十条之一【虐待被监护、看护人罪】对未成年人、老年人、患病的人、残疾人等负有监护、看护职责的人虐待被监护、看护的人，情节恶劣的，处三年以下有期徒刑或者拘役”。

幼儿园的幼师、保育员是对孩子负有看护职责的人，其行为如果符合以上条款规定的情形，就构成虐待被监护、看护人罪。2017 年 6 月 1 日，最高人民法院发布 6 起依法惩治侵害未成年人犯罪典型案例。其中就包括“被告人王某、孙某华虐待被看护人案”：被告人王某、孙某华原系吉林省四平市铁西区某幼儿园教师。2015 年 11 月至 12 月，王某、孙某华因幼儿穿衣慢或不听话等原因，在幼儿

园教室内、卫生间等地点，多次恐吓所看护的幼儿，并用针状物等尖锐工具将肖某某等10余名幼儿的头部、面部、四肢、臀部、背部等处刺、扎致伤。吉林省四平市铁西区人民法院经审理认为，被告人王某、孙某华身为幼儿教师，多次采用针刺、恐吓等手段虐待被看护幼儿，情节恶劣，其行为均已构成虐待被看护人罪。依照刑法有关规定，以虐待被看护人罪分别判处被告人王某、孙某华有期徒刑二年六个月。宣判后，王某、孙某华提出上诉。吉林省四平市中级人民法院经依法审理，裁定驳回上诉，维持原判，判决已发生法律效力。

如果虐待行为造成被害人轻伤以上伤害后果或者死亡的，则应以故意伤害罪或者故意杀人罪等处罚较重的罪名定罪处罚。

孩子对每一位父母来说都是无价之宝，是社会的未来和希望，我们呼吁教育者能够担负起责任，用爱心来对待孩子，同时，家长也要明白用自己的拳头不能真正解决问题，法律是更有力的“拳头”，要学会利用法律的“铁拳”来保护孩子。

共享汽车有风险，租赁公司需谨慎

——以汽车“四不借”为鉴

民事侵权专业组　赵勇律师

随着国家社会经济的发展，汽车逐渐走进万户千家，成为一种常用的出行代步工具，自然而然地，亲朋好友之间借车也成为惯常的事情。这种情形下就出现了机动车所有人与使用人不是同一人的情况，此时如果机动车发生交通事故造成损害，机动车所有人（或称“车主”）是否需要承担法律责任呢？如果车主承担责任，主要有哪些情形呢？

一、法律规定

我国《侵权责任法》第四十九条明确规定：“因租赁、借用等情形机动车所有人与使用人不是同一人时，发生交通事故后属于该机动车一方责任的，由保险公司在机动车强制保险责任限额范围内予以赔偿。不足部分，由机动车使用人承担赔偿责任；机动车所有人对损害的发生有过错的，承担相应的赔偿责任。”

该条款采取了狭义的“二元论”立法思想，即承担超出交强险责任限额的损害赔偿责任时，“运行支配”和“运行利益”两个要素必须同时具备。其中，狭义的“运行支配”是指交通事故发生时对机动车进行实际的支配，狭义的“运行利益”是指交通事故发生时机动车运行所产生的利益（包括消极的费用）。

换言之，对机动车造成的损害承担责任的人，必须是交通事故发生时机动车的实际支配者，同时也必须是机动车运行利益的归属者。据此，在机动车所有人

资中双方各自的出资比例。

因此，律师建议双方在共同出资购置财产时，最好签订协议，明确双方各自出资比例及占有财产权属比例，同时，出资最好用银行转账方式，以便留下相应证据。即使事前未签订协议也可以参照案例二中的事后补签协议，同样可以确认双方的出资份额，保护好自己的合法权益。

没领结婚证能“离婚”?!还会构成重婚罪!!!

婚姻家庭专业组　肖子琪律师

一、何为“事实婚姻”?其效力如何?

何为“婚姻”?指的是男女之间的结合，一方到另一方家里落户成亲，形成人际间亲属关系的社会结合或法律约束。

在中国古代，结婚依“父母之命、媒妁之言”，讲究“三书六礼”(三书:聘书、礼书、迎书;六礼:纳采、问名、纳吉、纳征、请期、亲迎),以婚礼仪式公布结成婚姻关系。中华人民共和国成立后，1950 年第一部婚姻法就确立了中华人民共和国婚姻登记制度，要求结婚、自愿离婚、复婚的男女双方亲自到所在地(区、乡)人民政府登记，1980 年《婚姻法》第八条继续确立并执行婚姻登记制度，并在 1994 年颁布了《婚姻登记管理条例》。

也就是说，如今男女双方如果要建立夫妻关系，需要到婚姻登记部门进行登记，形成“法律婚姻”,仅单纯的结婚仪式并不受法律认可。但在现实生活中，尤其是在农村地区，不乏存在男女双方不登记而以夫妻名义共同生活的现象，有些甚至育有子女，这就形成了不同于“法律婚姻”的另一种婚姻状态——“事实婚姻”。

“事实婚姻”是婚姻法律体系中的一个术语，是“法律婚姻”的对称，指男女双方符合结婚的法定实质条件但未进行结婚登记的结合关系，群众也认为他们是夫妻关系。

我国实行婚姻登记主义，“事实婚姻”缺乏登记的形式要件，但如果直接否定这些事实婚姻的效力，可能会造成这些家庭在解决继承、离婚等问题时得不到法律保护。

为解决这种“历史遗留问题”，2001 年《最高人民法院关于适用〈中华人民共和国婚姻法〉若干问题的解释（一）》第五条规定：1994 年 2 月 1 日民政部《婚姻登记管理条例》公布实施以前，男女双方已经符合结婚实质要件的，按事实婚姻处理；《婚姻登记管理条例》公布实施以后，男女双方符合结婚实质要件的，未补办结婚登记的，按同居关系处理。即按照现行法律规定，我国有限度地承认了事实婚姻的法律效力：以“1994 年 2 月 1 日”为界限，之前的事实婚姻具有法律效力，之后的事实婚姻不再具有法律效力，按同居关系处理。

二、事实婚姻“离婚”与法律婚姻有何不同?

我国法律在一定条件下对事实婚姻关系予以保护，但事实婚姻毕竟没有办理结婚登记，缺乏形式要件，其效力并不完全等同于登记婚姻。

事实婚姻关系中的一方起诉到法院要求“离婚”，在具体处理上与法律婚姻有所区别，2017 年最高人民法院民事审判第一庭主编的《民事审判指导与参考》第 67 辑对二者的区别进行了解答：

《最高人民法院关于人民法院审理未办结婚登记而以夫妻名义同居生活案件的若干意见》第六条规定：“审理事实婚姻关系的离婚案件，应当先进行调解。经调解和好或撤诉的，确认婚姻关系有效，发给调解书或裁定书；经调解不能和好的，应调解或判决准予离婚。”而合法登记结婚的当事人提出离婚时，人民法院经调解不能和好的，如果认为夫妻感情没有彻底破裂，也可以判决不准离婚。

也就是说，如果人民法院认为夫妻感情没有彻底破裂，可以在调解和好无果的情况下，依法判决登记婚姻的当事人不准离婚，再给双方当事人一次挽救婚姻关系的机会，而对事实婚姻关系的当事人就只能调解或判决准予离婚。毕竟事实婚姻不是登记婚姻，本来双方就没有依法进行结婚登记，在一方坚决要求解除这种事实婚姻关系时，不能强行要求双方仍然以夫妻名义继续同居，即事实婚姻与登记婚姻的“待遇”不能完全等同。①

三、“事实婚姻”与“重婚罪”

根据《刑法》的规定，重婚罪是指自己有配偶而与他人结婚，或者明知他人有配偶而与之结婚的行为。重婚，即多个婚姻的重叠，可能表现为“法律婚+法律婚”“法律婚+事实婚”“事实婚+法律婚”“事实婚+事实婚”多个形式。无可非议，“法律婚+法律婚”是典型的重婚行为。

而对于“法律婚+事实婚”的情形，最高人民法院在对四川高院《〈婚姻登记管理条例〉施行前后发生的事实上的重婚关系是否按重婚罪处理的请示》中答复道：新的《婚姻登记管理条例》发布施行后，有配偶的人与他人以夫妻名义同居生活的，或者明知他人有配偶而与之以夫妻名义同居生活的，仍应按重婚罪定罪处罚。

也就是说，目前司法实践中，若第一个婚姻是法律婚姻，后一个婚姻无论是事实婚姻还是法律婚姻，一般均认定为重婚罪。但对于前一个婚姻是事实婚姻，即“事实婚+法律婚”“事实婚+事实婚”这两种情形，是否认定重婚罪，有一定争议。

笔者认为：一方面，根据我国法律规定，1994年2月1日以后形成的事实婚姻，不承认其效力，只认定为同居关系，当事人没有合法的配偶身份关系，犯罪主体与客体均缺乏，不构成重婚。另一方面，我国又对1994年2月1日前建立的事实婚姻效力予以成立，这种有效的事实婚姻可以构成重婚罪的前提。

家庭是社会构成的最基本单元，和谐的婚姻关系是维系家庭稳定的基础和纽带。结婚不可儿戏，办理婚姻登记不仅是对国际法律规定的遵守，亦是对自身权利的保障。

① 最高人民法院民事审判第一庭编：《民事审判指导与参考（第67辑）》，人民法院出版社2017年版。

拥有遗嘱就一定会取得遗产吗？

婚姻家庭专业组 姜春梅律师

随着人们法律意识的增强，现在越来越多的老年人为避免子女之间因为遗产问题产生矛盾，选择写遗嘱来处理遗产问题。那么，写了遗嘱，真的就完全解决遗产问题了吗？拥有了遗嘱，真的就能完全取得遗嘱处置的遗产吗？下面通过一个案例来分析一下这个问题。

一、案例介绍

原告来找我们代理这个案件时，手里拿着其母亲写的一份遗嘱，遗嘱内容是其母亲将其名下的房产留给其三姐独自所有，而他们兄弟姐妹共六人。房产是其母亲2005年购买，房产证是其母亲的名字。其父母在同一单位，母亲2013年去世，其父亲1991年去世。原告想诉遗嘱无效，房产由兄弟姐妹六人共同继承。但这份遗嘱从形式和内容上看并没有无效的情形，如果没有证据证明其母亲在写遗嘱时的身体状况和精神状况不具有写遗嘱的能力，这份遗嘱很难推翻。我们一再告知原告风险，但其仍然坚持上诉。

接受委托后，我们去医院调取了病例，并未找到有利的证据。我们又去建委调取了其母亲购买房屋的相关材料，发现其中房价表显示购买房产时使用了其母亲和父亲共计89年的工龄。这份证据虽然不能完全推翻遗嘱，但购买房产时使用了其父亲的工龄，如果法院认定工龄属于财产权益，则其母亲的遗嘱将会被认定为部分无效。我们随即去其父母的单位调取购房的相关材料，但被拒绝，无奈之下申请法院调取该材料。

开庭时被告拿出了遗嘱，称房产应按照遗嘱由其三姐独自所有。我们则拿出了房价计算表，证明房产中有其父亲的工龄，所以其母亲没有权利处分属于其父亲的份额部分，遗嘱部分无效。在质证结束后，法官拿出了其在原告父母的单位调取的证据。

法官调取的证据有《购房申请》、《调查证明》、法官对原告父母单位工作人员做的《调查笔录》等。这份《购房申请》上购房申请人写着原告父亲的名字，单位出的《调查证明》写着原告父亲的职务等级和工龄等情况，时间是1998年。而原告的父亲是1991年去世的，很显然其父亲的签字并不是其父亲本人的签字。购房合同是原告母亲2005年签的，购房款亦是原告母亲交的，房产证登记的是原告母亲的名字。

法官对其父母单位工作人员做的《调查笔录》中对此问题进行了解释，房产最初是单位分给原告父亲的公租房，1998年房改时，原告的母亲以原告父亲的名义申请购买该房产，这样可以使用原告父亲的职务级别和工龄进行优惠，因当时原告父亲已去世，不能办理房产证，所以2005年在购房合同和房产证上才写着原告母亲的名字。至于为什么1998年申请购房，2005年才签合同，原告父亲单位的工作人员说："单位购房的流程就是这样。"

至此，案件发生了戏剧性的变化，而且这些购房程序又有些不符合法律规定，但这些就实实在在地发生了，那么怎么认定房产的所有权人，究竟是原告母亲独自所有，还是原告父母共同所有，还有工龄是否属于财产权益，是否可以继承，法律没有明确规定，各个法院对此判决不一。法官对于本案的戏剧性变化也无法裁决，所以法官才将这个难题提交给中院，等待中院的明确答复。

本案涉及一个关键问题，就是工龄是否属于财产或者财产权益，是否可以继承？

二、工龄是否属于财产或者财产权益，是否可以继承

最高院（2000）法民字第4号复函《关于在享受本人工龄和已死亡配偶生

前工龄优惠后所购公房是否属于夫妻共同财产的函的复函》[1] 曾给出明确意见："夫妻一方死亡后，如果遗产已经继承完毕，健在一方用自己的积蓄购买的公有住房应视为个人财产，购买该房时所享受的已死亡配偶的工龄优惠只是属于一种政策性补贴，而非财产或财产权益。夫妻一方死亡后，如果遗产没有分割，应予查明购房款是夫妻双方的共同积蓄，还是配偶一方的个人所得，以此确认所购房屋是夫妻共同财产还是个人财产；如果购房款是夫妻双方的共同积蓄，所购房屋应视为夫妻共同财产。"

按上述司法解释，认定的关键在于去世后是否进行了遗产分割，购房时是否使用了共同积蓄，以此作为判断该房是个人财产还是夫妻共同财产的标准。在相当长的一段时间里，此类案件均按照上述司法解释确定的标准来处理。

2013 年 4 月 8 日，（2000）法民字第 4 号复函被废止，原因是与现行的房改政策不一致。之后就再没有新的相关法律文件出台，所以该问题就没有新的法律依据，导致司法实践中法官观点不一，总结一下，目前主要有以下三种观点：

第一种观点：认为用去世配偶工龄购买的"房改房"，属于个人财产。依据《物权法》的规定，"房改房"的签约及物权取得均是在配偶去世之后，使用配偶工龄折抵部分购房款属于特定历史时间的政策性优惠，并不产生去世一方享有房屋所有权的法律后果。因此，"房改房"应认定为购房人一方的个人财产。

第二种观点：认为用去世配偶工龄购买的"房改房"，属于夫妻共同财产。法律依据是建住房市函〔1999〕005 号《关于唐民悦房改房产权认定问题的复函》："按照目前我国城镇住房制度改革的有关政策，按成本价或标准价购买公有住房以城镇职工家庭（夫妇双方）为购房主体，且每个家庭只能享受一次。本案中，唐民悦按房改政策购买住房时享受了其配偶的工龄优惠，该住房应当视为其夫妇双方共同购买。因此，我司认为，该住房应视为唐民悦与其配偶共有财产。"

---

① 已失效。

北京一中院也有判例支持该观点，理由是购房人使用去世配偶的工龄，而工龄在单位出售房屋的过程中体现并发挥了可具体量化的经济价值，换句话说，正是因为在房屋出售过程中考虑了去世配偶的工龄，购房人才得以以一定的价格优惠购得该“房改房”。如果没有去世配偶的工龄因素，购房人必定要以高于其实际支付的价格购得房屋。因此，去世配偶的工龄在“房改房”的过程中应视为一种财产性权益。

第三种观点：认为用去世配偶工龄购买的“房改房”，用工龄折抵了部分购房款，但购房者仅使用去世配偶的工龄优惠，并不产生去世配偶享有房屋所有权的法律后果。但根据公平原则，受益人应给予其他人适当补偿。

本案中，法官会采取哪种观点呢？笔者认为采取第二种观点的可能性比较大，每个案件都有自己的特点，比如本案，“房改房”本来就是特定时期的特定产物，主要针对的是整个家庭，而不是购房者单一的主体，所以才会出现在原告父亲去世的情况下，申请购房人仍是原告父亲，与单位签订购房合同的却是原告母亲，房产证在其母亲名下的情况。但不能因此说房产就是原告母亲的个人财产，因为购房时用了原告父亲的职务级别、工龄优惠，才使原告母亲能以比市场价值低很多的价格购买该房，因此，涉案房产应是原告父母的共同财产。

由此可见，在书写遗嘱时，遗嘱只能处置立遗嘱人的个人合法财产，当处置其他人所有的财产时，可能会因无权处置而部分无效。所以，遗嘱中处置的“房改房”使用了配偶的工龄，遗嘱很可能会部分无效，在这种情况下，即使手握遗嘱，也未必能取得全部遗产。

（四）劳动争议

不是所有上下班途中受的伤都叫工伤？

劳动争议专业组 贺言律师

自2014年《最高人民法院关于审理工伤保险行政案件若干问题的规定》实施以来，上下班途中受伤认定为工伤被人们津津乐道，但人们却常常忽略了上下班途中工伤的认定条件。

一、何为上下班途中的工伤

上下班途中的工伤是指在上下班途中，受到非本人主要责任的交通事故或者城市轨道交通、客运轮渡、火车事故伤害的。

（一）上下班途中

1. 在合理时间内往返于工作地与住所地、经常居住地、单位宿舍的合理路线的上下班途中；

2. 在合理时间内往返于工作地与配偶、父母、子女居住地的合理路线的上下班途中；

3. 从事属于日常工作生活所需要的活动，且在合理时间和合理路线的上下班途中；

4. 在合理时间内其他合理路线的上下班途中。

（二）交通事故

1. “道路”，是指公路、城市道路和虽在单位管辖范围但允许社会机动车通行的地方，包括广场、公共停车场等用于公众通行的场所。

2. “车辆”，是指机动车和非机动车。

3. “机动车”，是指以动力装置驱动或者牵引，上道路行驶的供人员乘用或者用于运送物品以及进行工程专项作业的轮式车辆。

4. “非机动车”，是指以人力或者畜力驱动，上道路行驶的交通工具，以及虽有动力装置驱动但设计最高时速、空车质量、外形尺寸符合有关国家标准的残疾人机动轮椅车、电动自行车等交通工具。

5. “交通事故”，是指车辆在道路上因过错或者意外造成的人身伤亡或者财产损失的事件。

二、上下班途中的是与非

（一）路滑不慎摔倒，能否算工伤

案例1：小王步行下班时，出地铁因地面湿滑，不慎摔倒，是否属于工伤？

案例2：小李骑自行车上班，因路面湿滑，不慎摔倒，是否属于工伤？

案例1，上下班途中步行不慎摔伤，司法实践中，一般认为不属于工伤。上下班途中的工伤仅限于交通事故及城市轨道交通、客运轮渡、火车事故造成的伤害，而步行不慎摔倒属于意外事件，不属于上述情形。

案例2，上下班途中骑车不慎摔伤，是否属于工伤，在司法实践中有不同观点。一种意见认为，天气恶劣，劳动者应当谨慎驾驶，自己不慎摔伤，劳动者负主要责任，不属于工伤。另一种意见认为，由于天气、路况等客观因素，排除了本人的主观故意或重大过失，即属于非本人主要责任的情形，符合认定工伤的条件，且满足车辆在道路上因意外造成的人身伤亡或者财产损失的条件，应当认定为工伤。

关于上述两个案例中，上下班途中，因路面湿滑而导致摔伤，是否应认定为工伤？

笔者认为，步行和骑车仅是上班选择的出行方式不一样，只因为交通工具选择的不同而导致认定工伤存在差别，有违《工伤保险条例》保障受害劳动者权利，促进社会和谐的立法精神。上下班途中，非因个人主要原因而导致的损害应当认定为工伤。

除此之外，从公平合理的角度出发，劳动者上下班途中路滑步行摔倒、上下班途中遭遇高空落物、上下班途中遭遇歹徒抢劫受伤等非因车辆造成的意外事故伤害的情形，也应当认定为工伤。

（二）上下班顺路买菜、接送孩子上学受伤，能否算工伤

《最高人民法院关于审理工伤保险行政案件若干问题的规定》明确规定了从事属于日常工作生活所需要的活动，且在合理时间和合理路线的，属于上下班途中的情形。

虽然相关法律允许顺途做事，但也明确了顺途做事要以生活工作必需、不改变上下班目的为前提。“上下班途中买菜、接送孩子上学”为劳动者日常维持正常生活所需，这类事件不改变劳动者上下班的目的符合工伤认定中的“合理时间”“合理路线”要素，应当认定为工伤。

（三）迟到早退、加班加点是否属于上下班途中

《关于实施工伤保险条例若干问题的意见》规定劳动者以上下班为目的、在合理时间内往返于工作单位和居住地之间的合理路线，视为上下班途中。上下班途中时间是工作时间的合理延伸，合理时间不仅包括劳动者正常上下班的途中时间，还应包括劳动者加班加点后上下班途中时间以及因合理事由引起变动的上下班时间等情形。

司法实践中也认为，劳动者的迟到早退行为仅仅属于违反公司规章制度的行为，但不影响工伤的认定。除此之外，其他因合理事由引起变动的上下班时间内发生的交通事故也应当认定为工伤。例如，劳动者在工作中因身体不适无法继续工作，在请假一小时外出到医院的路上发生交通事故，此种情形下，请假外出一小时看病具有合理性和必需性，请假目的是身体康复后继续工作，没有脱离与工作相关的实质，应当认定其请假外出一小时属上下班途中合理时间，因此，在此期间非因本人主要责任的交通事故，应当认定为工伤。

日常生活中，上下班途中遇到的事故的情形多种多样，在进行工伤认定时，不仅要充分考虑合理时间、合理路线、以上下班为目的三个基本构成要素，在司法实践中，更应该根据案件具体情况，在合理范围内，对上下班途中的工伤进行认定，真正实现保障劳动者权益的立法目的。

从劳动合同的签订看劳资纠纷解决之道

财务规划专业组　揭立霞律师

雇佣关系是社会组织的基本单元，由用人单位与劳动者通过签订书面的劳动合同予以确认。因此，一纸劳动合同，成了维系用人单位与劳动者劳动关系的纽带。一旦双方发生争议，需要在劳动合同约定的各要素范围内，寻求最终解决方案。

一、工资

《劳动合同法》第十条规定，建立劳动关系，应当订立书面劳动合同。已建立劳动关系，未同时订立书面劳动合同的，应当自用工之日起一个月内订立书面劳动合同。用人单位与劳动者在用工前订立劳动合同的，劳动关系自用工之日起建立。

《工资支付暂行规定》第三条规定："本规定所称工资是指用人单位依据劳动合同的规定，以各种形式支付给劳动者的工资报酬。"《北京市工资支付规定》第四十条明确规定，本规定所称工资是指用人单位以货币形式支付给劳动者的劳动报酬，包括计时工资、计件工资、奖金、津贴和补贴、加班工资以及特殊情况下支付的工资等。也即，工资除了一般意义上讲的基本工资之外，还包括用人单位承诺发放或劳动者已经获得的奖金、津贴、加班工资及特殊情况下取得的工资，如病假工资、待岗工资等。

关于病假工资，《北京市工资支付规定》第二十一条规定："劳动者患病或者非因工负伤的，在病休期间，用人单位应当根据劳动合同或集体合同的约定支付病假工资。用人单位支付病假工资不得低于本市最低工资标准的80%。"

关于因用人单位原因致使劳动者被待岗期间的工资，《北京市工资支付规定》第二十七条规定：“非因劳动者本人原因造成用人单位停工、停业的，在一个工资支付周期内，用人单位应当按照提供正常劳动支付劳动者工资；超过一个工资支付周期的，可以根据劳动者提供的劳动，按照双方新约定的标准支付工资，但不得低于本市最低工资标准；用人单位没有安排劳动者工作的，应当按照不低于本市最低工资标准的70%支付劳动者基本生活费。国家或者本市另有规定的从其规定。”

也即，依据北京市相关规定，劳动者生病期间，用人单位应当向劳动者发放工资，且不得低于当地最低工资标准的80%；劳动者非因本人原因待岗的，用人单位也应当向劳动者支付工资，或者按当地最低工资标准的70%支付基本生活费。

那如果用人单位未与劳动者订立书面劳动合同，如何结算用工期间劳动者的工资呢?《劳动合同法》第十一条规定：“用人单位未在用工的同时订立书面劳动合同，与劳动者约定的劳动报酬不明确的，新招用的劳动者的劳动报酬按照集体合同规定的标准执行；没有集体合同或者集体合同未规定的，实行同工同酬。”此条即关于未签订书面劳动合同时用人单位应当向已经实际提供劳动的劳动者支付工资或劳动报酬的标准。

另外，用人单位未与劳动者签订书面劳动合同的，用人单位除了按正常支付月度工资之外，还需向劳动者每月另行补充支付一倍的工资差额，依据即《劳动合同法》第八十二条的规定：“用人单位自用工之日起超过一个月不满一年未与劳动者订立书面劳动合同的，应当向劳动者每月支付二倍的工资。用人单位违反本法规定不与劳动者订立无固定期限劳动合同的，自应当订立无固定期限劳动合同之日起向劳动者每月支付二倍的工资。”

那是不是可以无止境要求用人单位支付双倍工资差额呢？也不是。

《劳动合同法》第十四条第三款规定：“用人单位自用工之日起满一年不与劳动者订立书面劳动合同的，视为用人单位与劳动者已订立无固定期限劳动合同。”也即，劳动者因用人单位未与其签订书面劳动合同的，其最高可主张11个月的工资差额，因为满一年仍未签订书面劳动合同的，视为用人单位已经与劳动者签订了无固定期限劳动合同。

关于加班工资，《劳动合同法》第三十一条规定，用人单位安排加班的，应当按照国家有关规定向劳动者支付加班费。

《工资支付暂行规定》第十三条对不同时期加班的加班工资标准作了具体规定，总结如下：劳动者工作日加班的，用人单位应按劳动者小时工资标准的1.5倍支付工资；劳动者双休日即周末加班的，用人单位应按劳动者日或小时工资标准的2倍支付工资；劳动者法定节假日如国庆节期间加班的，用人单位应按劳动者日或小时工资标准的3倍支付工资。

关于工资发放具体金额，《工资支付暂行规定》第六条第三款规定：“用人单位必须书面记录支付劳动者工资的数额、时间、领取者的姓名以及签字，并保存两年以上备查。用人单位在支付工资时应向劳动者提供一份其个人的工资清单。”

实践中，往往有些用人单位的劳动人事管理制度极为不规范，完全没有记录或未保存劳动者工资发放记录。一旦发生争议，如何确定劳动者实际工资水平呢？这样的情况下，如果劳动者有基本的证据证明其实际取得的工资数额，而用人单位又不能拿出工资发放记录予以反证，则劳动仲裁机构或人民法院对劳动者的主张一般均予以支持认可，原因就在于用人单位没有尽到保存工资发放记录至少两年以备查的法定义务，自然由其承担对其不利的后果。

二、社会保险

《社会保险法》第十二条第一款、第二款规定，用人单位应当按照国家规定的本单位职工工资总额的比例缴纳基本养老保险费，记入基本养老保险统筹基金。职工应当按照国家规定的本人工资的比例缴纳基本养老保险费，记入个人账户。本条一方面规定了用人单位为劳动者缴纳社会保险，是用人单位的法定强制性义务；另一方面确定了用人单位为劳动者缴纳社会保险的基数标准，即用人单位应以本单位职工工资总额的一定比例缴纳单位应缴纳部分的保险费。

现实中，会出现如下几个方面的情形：

一是用人单位为了节约用工成本，完全拒绝为劳动者缴纳社会保险；

二是用人单位为劳动者缴纳了社会保险，但申报的缴纳社会保险基数低于《社会保险法》规定的额度标准；

三是用人单位与劳动者约定，以向劳动者提供一定的补偿金的形式，代替为劳动者缴纳社会保险，并由劳动者出具书面承诺书，承诺放弃单位为其缴纳社会保险的权利，并自愿承担一切法律后果。

这三种情形的法律后果如何呢?

针对第一种情形，即用人单拒不为劳动者缴纳社会保险的情形。《劳动合同法》第三十八条第一款第（三）项规定，用人单位未依法为劳动者缴纳社会保险费的，劳动者可以解除劳动合同。《劳动合同法》第四十六条第（一）项规定，劳动者依照本法第三十八条规定解除劳动合同的，用人单位应当向劳动者支付经济补偿金。《劳动合同法》第四十七条规定：“经济补偿按劳动者在本单位工作的年限，每满一年支付一个月工资的标准向劳动者支付。六个月以上不满一年的，按一年计算；不满六个月的，向劳动者支付半个月工资的经济补偿。劳动者月工资高于用人单位所在直辖市、设区的市级人民政府公布的本地区上年度职工月平均工资三倍的，向其支付经济补偿的标准按职工月平均工资三倍的数额支付，向其支付经济补偿的年限最高不超过十二年。本条所称月工资是指劳动者在劳动合同解除或者终止前十二个月的平均工资。”

因此，用人单位没有依法为劳动者缴纳社会保险的，劳动者可以提出与用人单位解除劳动合同，并且可以要求用人单位向其支付经济补偿金，按工作每满一年支付一个月的工资的标准计算经济补偿金，最高不超过 12 个月的工资。

针对第二种情形，即用人单位为劳动者缴纳了社会保险，但缴纳社会保险的基数为当地规定的最低社保缴纳基数标准，而非按《社会保险法》规定的本单位职工工资总额的一定比例缴纳。《社会保险法》第六十三条规定：“用人单位未按时足额缴纳社会保险费的，由社会保险费征收机构责令其限期缴纳或者补足。用人单位逾期仍未缴纳或者补足社会保险费的，社会保险费征收机构可以向银行和其他金融机构查询其存款账户；并可以申请县级以上有关行政部门作出划拨社会保险费的决定，书面通知其开户银行或者其他金融机构划拨社会保险费。”

《实施〈中华人民共和国社会保险法〉若干规定》第二十七条规定：“职工与所在用人单位发生社会保险争议的，可以依照《中华人民共和国劳动争议调解仲裁法》、《劳动人事争议仲裁办案规则》的规定，申请调解、仲裁，提起诉讼。职工认为用人单位有未按时足额为其缴纳社会保险费等侵害其社会保险权益行为的，也可以要求社会保险行政部门或者社会保险费征收机构依法处理……”

因此，根据前述相关规定，用人单位未足额为劳动者缴纳社会保险费的，劳动者可以申请调解、仲裁，提起诉讼，或者向社会保险费征收机构申诉，要求用人单位足额补缴社会保险费。不过，实践操作上，劳动者不能以用人单位未为其足额缴纳社会保险为由提起劳动仲裁，否则将不予受理。《北京市高级人民法院、北京市劳动争议仲裁委员会关于劳动争议案件法律适用问题研讨会会议纪要》第三十一条对此有明确规定：“《劳动合同法》实施后，用人单位未按本市规定的险种为劳动者建立社会保险关系，劳动者请求解除劳动合同并要求用人单位支付经济补偿金的，应予支持，但经济补偿金支付年限应从 2008 年 1 月 1 日起开始计算。劳动者以用人单位未足额缴纳或欠缴社会保险费为由请求解除劳动合同并要求用人单位支付经济补偿金的，不予支持。”

而对于第三种情形，即用人单位以向劳动者支付一定的补偿金代替缴纳社会保险，法律后果如何？如前所述，用人单位为劳动者缴纳社会保险费，是用人单位的法定且强制性义务。因此，用人单位向劳动者支付补偿金以及劳动者承诺放弃用人单位为其缴纳社会保险的权利的约定属于无效约定，该约定不受法律保护。

发生争议时，劳动者仍然可以用人单位未为其缴纳社会保险为由，主张解除劳动合同，并主张用人单位依法向其支付经济补偿金；但同时，劳动者已经从用人单位收取的社会保险补偿金亦应予以返还用人单位。此种情形，其实对于用人单位来讲，更为不利。因为即使用人单位向劳动者支出了社会保险补偿金，但并不因此免除其为劳动者缴纳社会保险费的法定义务，一旦劳动者今后反悔，其除了补缴社会保险费之外，还要承担向劳动者支付经济补偿金的责任。因此，建议用人单位对为劳动者缴纳社会保险的法定义务引起重视，规范管理，不要因小失大。

三、生育津贴

《社会保险法》第五十六条规定："职工有下列情形之一的，可以按照国家规定享受生育津贴：（一）女职工生育享受产假；（二）享受计划生育手术休假；（三）法律、法规规定的其他情形。生育津贴按照职工所在用人单位上年度职工月平均工资计发。"

《女职工劳动保护特别规定》第七条规定："女职工生育享受 98 天产假，其中产前可以休假 15 天；难产的，增加产假 15 天；生育多胞胎的，每多生育 1 个婴儿，增加产假 15 天。女职工怀孕未满 4 个月流产的，享受 15 天产假；怀孕满 4 个月流产的，享受 42 天产假。"第八条规定："女职工产假期间的生育津贴，对已经参加生育保险的，按照用人单位上年度职工月平均工资的标准由生育保险基金支付；对未参加生育保险的，按照女职工产假前工资的标准由用人单位支付。女职工生育或者流产的医疗费用，按照生育保险规定的项目和标准，对已经参加生育保险的，由生育保险基金支付；对未参加生育保险的，由用人单位支付。"

本部分是关于女职工因生产生育或怀孕流产等情形而享有的休假及休假期间工资待遇方面的权利的有关规定，也即，女职工在生产生育或怀孕流产期间，在享受相应休假的同时，用人单位应向其正常发放工资。

四、经济补偿金

企业日常管理中，用人单位往往更为重视紧抓生产效益，却对人力资源管理与用工合规方面有意或无意地予以忽视，直至发生劳资纠纷，最终因违规操作导致承揽向劳动者支付经济补偿金的责任后，才会意识到规范用工制度的重要性。

《劳动合同法》第四十六条采取列举的方式，规定了用人单位需向劳动者支付经济补偿金的情形。从笔者实务处理经验来看，用人单位需向劳动者支付经济补偿金的比较多发的情形为：

（一）用人单位与劳动者协商一致而解除劳动合同的；

（二）因用人单位未按照劳动合同约定提供劳动保护或者劳动条件、未及时足额支付劳动报酬、未依法为劳动者缴纳社会保险费、用人单位的规章制度违反法律法规的规定，损害劳动者权益，从而劳动者提出解除劳动合同的；

（三）因劳动者患病或者非因工负伤，在规定的医疗期满后不能从事原工作，也不能从事由用人单位另行安排的工作的、劳动者不能胜任工作，经过培训或者调整工作岗位，仍不能胜任工作的，劳动合同订立时所依据的客观情况发生重大变化，致使劳动合同无法履行，经用人单位与劳动者协商，未能就变更劳动合同内容达成协议，因前述情形用人单位提出解除劳动合同的；

（四）劳动合同期满，用人单位终止劳动合同的；

（五）用人单位被依法宣告破产、被吊销营业执照、责令关闭、撤销或者用人单位决定提前解散的。

综上可知，用人单位需向劳动者支付经济补偿金的情形，往往是因用人单位违规行为侵犯了劳动者合法权益导致劳动者提出解除劳动合同、因劳动者非自愿原因导致不能继续履行劳动合同以及用人单位因经营管理不善无法继续经营等情形。

经济补偿金的支付标准，按照前述提到的《劳动合同法》第四十七条的规定进行计算。

五、经济赔偿金

《劳动合同法》第四十八条规定："用人单位违反本法规定解除或者终止劳动合同，劳动者要求继续履行劳动合同的，用人单位应当继续履行；劳动者不要求继续履行劳动合同或者劳动合同已经不能继续履行的，用人单位应当依照本法第八十七条规定支付赔偿金。"第八十七条规定："用人单位违反本法规定解除或者终止劳动合同的，应当依照本法第四十七条规定的经济补偿标准的二倍向劳动者支付赔偿金。"

据此，用人单位违法解除劳动合同，也即用人单位没有合法理由而单方面决定终止劳动合同的，应当向劳动者支付经济赔偿金，标准为依据《劳动合同法》第四十七条规定的经济补偿金的两倍。

六、竞业限制补偿金

在某些特殊的行业或领域，企业为了保持自身在行业内的竞争力，出于对企业内部技术秘密或商业秘密的保护，用人单位一般会与部分承担特殊职能的员工如公司高管、技术人员或其他掌管公司商业秘密的人员签订保密协议，并约定竞业限制条款。

《劳动合同法》第二十三条规定："用人单位与劳动者可以在劳动合同中约定保守用人单位的商业秘密和与知识产权相关的保密事项。对负有保密义务的劳动者，用人单位可以在劳动合同或者保密协议中与劳动者约定竞业限制条款，并约定在解除或者终止劳动合同后，在竞业限制期限内按月给予劳动者经济补偿。劳动者违反竞业限制约定的，应当按照约定向用人单位支付违约金。"第二十四条规定："竞业限制的人员限于用人单位的高级管理人员、高级技术人员和其他负有保密义务的人员。竞业限制的范围、地域、期限由用人单位与劳动者约定，竞业限制的约定不得违反法律、法规的规定。在解除或者终止劳动合同后，前款规定的人员到与本单位生产或者经营同类产品、从事同类业务的有竞争关系的其他用人单位，或者自己开业生产或者经营同类产品、从事同类业务的竞业限制期限，不得超过二年。”

据此，与用人单位签订了保密协议或竞业限制条款的劳动者，在与用人单位解除或终止劳动关系后，一方面可依据原竞业限制条款的约定，向原用人单位主张支付竞业限制经济补偿金；另一方面也必须遵守协议的约定，至少两年内不得从事约定的竞业限制行为，否则需向用人单位承担违约责任。

实践中会出现一些例外情况，如用人单位虽与劳动者约定了竞业限制条款，但对于经济补偿金却没有具体约定，或者虽有约定但用人单位没有切实履行，此类情况下条款是否有效呢？

法律对此没有明确约定，但各地方出台的条例、办法、意见等规范性文件对此作出了相应规定。例如，《北京市高级人民法院、北京市劳动争议仲裁委员会关于劳动争议案件法律适用问题研讨会会议纪要》第三十八条第一款规定：“用人单位与劳动者在劳动合同或保密协议中约定了竞业限制条款，但未就补偿费的给付或具体给付标准进行约定，不应据此认定竞业限制条款无效，双方在劳动关系存续期间或在解除、终止劳动合同时，可以通过协商予以补救，经协商不能达成一致的，可按照双方劳动关系终止前最后一个年度劳动者工资的20%—60%确定补偿费数额。用人单位明确表示不支付补偿费的，竞业限制条款对劳动者不具有约束力。”

从其他地方出台的相关规范性文件来看，基本上均认可了竞业限制条款的法律效力，除非双方均放弃履行。

七、损失赔偿

损失赔偿责任，是指因一方的过错行为给另一方造成损失，应向对方承担赔偿损失的过错责任。在劳动雇佣关系里，可能存在两种损失情形：一种是因用人单位的过错，给劳动者造成财产损失或人身损害；另一种是因劳动者的不当行为，给用人单位造成财产损失。

对于因用人单位的过错给劳动者造成损失的，《劳动合同法》规定了如下几种情形：

1. 第八十条规定，用人单位直接涉及劳动者切身利益的规章制度违反法律、法规规定的，给劳动者造成损害的，应当承担赔偿责任。

2. 第八十一条规定，用人单位提供的劳动合同文本未载明本法规定的劳动合同必备条款或者用人单位未将劳动合同文本交付劳动者，给劳动者造成损害的，应当承担赔偿责任。

3. 第八十三条规定，用人单位违反本法规定与劳动者约定试用期并且违法约定的试用期已经履行的，由用人单位以劳动者试用期满月工资为标准，按已经履行的超过法定试用期的期间向劳动者支付赔偿金。

4. 第八十八条规定，用人单位有下列情形之一，给劳动者造成损害的，应当承担赔偿责任：（一）以暴力、威胁或者非法限制人身自由的手段强迫劳动的；（二）违章指挥或者强令冒险作业危及劳动者人身安全的；（三）侮辱、体罚、殴打、非法搜查或者拘禁劳动者的；（四）劳动条件恶劣、环境污染严重，给劳动者身心健康造成严重损害的。

5. 《实施〈中华人民共和国社会保险法〉若干规定》第十九条规定，用人单位在终止或者解除劳动合同时拒不向职工出具终止或者解除劳动关系证明，导致职工无法享受社会保险待遇的，用人单位应当依法承担赔偿责任。

对于因劳动者的过错行为给用人单位造成损失的情形，《劳动合同法》第九十条规定了劳动者的损失赔偿责任："劳动者违反本法规定解除劳动合同，或者违反劳动合同中约定的保密义务或者竞业限制，给用人单位造成损失的，应当承担赔偿责任。"

另外，《工资支付暂行规定》第十六条规定："因劳动者本人原因给用人单位造成经济损失的，用人单位可按照劳动合同的约定要求其赔偿经济损失。经济损失的赔偿，可从劳动者本人的工资中扣除。但每月扣除的部分不得超过劳动者当月工资的20%。若扣除后的剩余工资部分低于当地月最低工资标准，则按最低工资标准支付。”劳动者因违反保密义务或竞业限制条款，用人单位主张劳动者承担损失赔偿责任的，一般均会获得支持。

但实务中争议比较大的情形是，因劳动者违反单位用人规章制度、有失职行为，给用人单位造成损失的情况下，用人单位向劳动者主张损失赔偿，是否应获支持？

《北京市劳动合同规定》对此进行了比较清楚的细化规定，如第三十条第（二）项规定：严重违反劳动纪律或者用人单位规章制度，按照用人单位规定或者劳动合同约定可以解除劳动合同的；第（三）项规定：劳动者严重失职、营私舞弊，对用人单位利益造成重大损害的，用人单位可以解除劳动合同；第五十条规定：因劳动者存在本规定第三十条第（二）项、第（三）项规定的情形，被用人单位解除合同，且给用人单位造成损失的，应当承担赔偿责任。

综上可知，当劳动者因严重违反劳动纪律、用人单位规章制度，或者严重失职、营私舞弊，对用人单位利益造成重大损失的，用人单位可以解除劳动合同，且劳动者应当向用人单位承担赔偿责任。也即，用人单位向劳动者主张损害赔偿，至少应满足两个前提：第一，劳动者严重违反单位规章制度或有严重失职、营私舞弊的行为；第二，劳动者的前述行为给单位造成了重大损失。

而司法实践的做法是，一方面认定了劳动者在工作过程中存在重大过失，应赔偿因其本人原因给用人单位造成的合理经济损失；另一方面也应认识到要求劳动者承担的赔偿比例需与其从事工作的性质、薪酬、付出的劳动等因素相适应；另外，还要考虑劳动者所造成的经济损失，是否属于用人单位本应承担的经营风险，用人单位对其正常经营风险造成的损失自行承担责任。可以说，司法对用人单位向劳动者主张损失赔偿是持审慎态度的。

八、违约金

可不可以在劳动合同里约定，如劳动者违反用人单位劳动纪律或内部规章制度，劳动者必须向用人单位承担违约责任这样的条款呢？

针对这个问题，其实《劳动合同法》已经有了明确规定。《劳动合同法》第二十五条规定："除本法第二十二条和第二十三条规定的情形外，用人单位不得与劳动者约定由劳动者承担违约金。"《劳动合同法》第二十二条是关于服务期的规定，第二十三条是关于保密义务和竞业限制的规定。

也即，除了劳动者违反关于服务期的约定以及关于保密义务和竞业限制的约定这两种情形，劳动者需向用人单位承担违约责任之外，劳动合同中其他关于劳动者承担违约责任的条款均属于无效约定，对劳动者不产生法律约束力，用人单位无权依据该无效约定向劳动者主张违约金或要求承担违约责任。

九、结语

劳动合同，看似内容简单，实则其内涵极其丰富。一份完善的劳动合同，应当既能维护用人单位与劳动者的雇佣关系的稳定，又能满足劳动者的适当流动性需求。因为如果有了流动性，优秀人才能够通过劳动市场的自我调节机制，自发进行优化配置，从而促进企业生产力的发展和技术的更新换代；有了稳定性，在劳动者既能胜任工作，又不损害用人单位的利益的前提下，其工作和收入就有保障，这会促使劳动者更加踏实工作，从而促进社会关系的稳定和社会财富的增加。因此，无论是用人单位，还是劳动者，均应对劳动合同引起足够重视，共同保障劳资关系的合法合规。当然，一旦发生纠纷，要懂得拿起法律的武器，维护自身的合法权益。

职工旷工，用人单位能否解除劳动合同？工资又应当如何扣除？

劳动争议专业组 贺言律师

旷工是职工在正常工作日不请假或请假未获批准的缺勤行为。旷工常常作为严重违纪行为被写进企业规章制度中。用人单位能否以职工旷工为由解除劳动合同以及用人单位规定“职工旷工一日，扣除三日工资”是否合法成为实践中劳动者较为关注的问题。

一、用人单位以职工旷工为由解除劳动合同，是否构成违法解除？

（一）旷工的认定

旷工是指职工应当提供劳动但无正当理由未提供劳动的情形。通常情况下，没有正当理由或未经用人单位批准，职工在劳动合同约定的工作日未提供劳动，应当认定为旷工。但职工未参加培训是否应当认定为在工作日未提供劳动、职工调岗后未到新岗位报到能否认定为旷工，在实践中仍存在争议。

1. 职工不参加用人单位培训，是否属于旷工？

案例 1：A 公司对全体人员进行培训（培训为期 4 天），职工小胡在没有请假也没有其他正当理由的情况下，并未参加。随后，用人单位以小胡严重违纪为由，将其辞退。小胡认为用人单位解除劳动合同属于违法解除。

一般情况下，用人单位组织的培训属于工作的一部分，应该属于职工应当提供劳动的情形。职工知晓用人单位组织培训计划，却无故不参加培训的，其也未能举证证明其在上述期间正常上班的情况下，应当认定为旷工。

2. 职工不同意调岗，是否可以认定为旷工？

案例2：小李任公司人事部门经理10年，公司突然将其调至销售岗位，并降低其工资待遇，小李表示不同意调岗，与公司沟通未果，便拒绝到新岗位报到。随后，公司以小李旷工为由，解除劳动合同。

《劳动合同法》第三十五条规定，用人单位与劳动者协商一致，可以变更劳动合同约定的内容。工作岗位通常为劳动合同的必备条款，如果调整职工的工作岗位，用人单位与职工之间应当协商一致。本案中，公司将小李从管理岗位调整至普通销售岗位，工作岗位的变动，属于变更劳动合同约定的内容，已经超出了企业自主管理权的范围。在协商未达成一致的情况下，小李不到新岗位报到的行为不能认定为旷工，公司单方解除小李劳动合同的行为无法律和事实依据，属于违法解除。

虽然用人单位在管理和规范用工上有其自主权，但对工作岗位进行调整时，应当合法合理。在岗位调整不合法或者不合理的情形下，职工不去单位上班，不应认定为旷工。

（二）职工旷工严重违反用人单位规章制度时，用人单位以职工旷工为由解除劳动合同，不构成违法解除

根据《劳动合同法》第三十九条的规定，职工严重违反用人单位的规章制度的，用人单位可以解除劳动合同。以“旷工”为由解除劳动合同，其实质就是用人单位以职工严重违反规章制度为由解除劳动合同。因此，用人单位以“旷工”为由，解除劳动合同的情形，不构成违法解除应当满足以下条件：

1. 用人单位的规章制度系通过民主程序制定，用人单位已经规章制度向职工公示或告知职工。

2. 规章制度中对职工严重违反规章制度的情形作了明确的规定。例如，规定连续旷工3日以上，属于严重违反用人单位规章制度的情形。

3. 职工未请假或请假未经批准，无正当理由未提供劳动。

二、职工旷工，工资应该如何计算？

用人单位能否根据规章制度中“旷工一天扣三天工资”的规定，职工旷工一天，扣三天工资？司法实践中，法院认为“旷工一天扣三天工资，违背公平原则，于法无据，且该规定属于变相克扣职工劳动报酬的情形，系违法规定”。因此，如果职工旷工未工作，只能扣除其旷工时的工资，不能扣除双倍工资，更不能扣除全部工资。同时，用人单位在统计旷工天数时应将休息日和法定节假日排除在外。

职工旷工时应发工资的计算公式为：（月计薪天数－旷工天数）×日工资。

①日工资：月工资收入÷月计薪天数；

②月计薪天数=（365天－104天）÷12月=21.75天。

在实践中，用人单位常常以旷工为由辞退职工，却在仲裁和诉讼中频频败诉。用人单位在以“旷工”为由解除劳动合同时，不仅要在职工出现旷工情形时及时收集和保存证据，还应当在用人单位的规章制度中，对旷工属于严重违反规章制度的情形作出明确规定，并保证该规章制度的制定程序合法，即民主制定程序和公示告知程序缺一不可。

新型用工关系并非劳动关系之“网络主播”

劳动争议专业组　贺言律师

在“互联网+”的新业态下，新型用工关系不断涌现，通过聊天、唱歌、跳舞、解说、表演等方式赚取点击率的“网络主播”俨然成为新兴职业的代表。随着直播市场的不断扩展，直播行业的纠纷也在不断增多。近年来，“网络主播”与文化传播公司之间签订的合约是否属于劳动合同，成为处理双方其他纠纷的关键。

一、案情简介

原告马某2015年11月27日到被告深圳某影视传媒公司从事网络主播工作，双方签订《独家主播服务合作合同》，约定薪资待遇每月按照底薪加提成构成。后双方发生纠纷诉至法院，要求法院认定原告与被告之间存在劳动关系，并由被告向原告支付经济补偿金。

最终法院认定，马某与深圳某影视传媒公司之间系基于马某开展演艺活动、提供经纪服务等民事活动的权利义务约定，并非基于劳动权利义务关系的约定，不符合劳动关系的特征，双方不属于劳动关系。

二、网络主播与文化传播公司之间是否存在劳动关系

（一）劳动关系的认定

劳动关系是指由劳动者提供劳动，用人单位给付报酬所形成的具有人身从属性和经济从属性的权利义务关系。

根据劳动和社会保障部《关于确立劳动关系有关事项的通知》（劳社部发〔2005〕12 号）的规定，在用人单位与劳动者未订立书面劳动合同的情形下，认定劳动关系成立应当满足以下“三要素”：

1. 用人单位和劳动者符合法律、法规规定的主体资格；

2. 用人单位依法制定的各项劳动规章制度适用于劳动者，劳动者受用人单位的劳动管理，从事用人单位安排的有报酬的劳动；

3. 劳动者提供的劳动是用人单位业务的组成部分。

根据前述劳动关系构成要素来看，劳动者是否受用人单位的劳动管理和约束，即两者之间是否存在人身从属性和经济从属性，是认定劳动关系存在的重要因素。司法实践中，法院认为网络主播不受文化传播公司的管理和约束，两者之间不存在人身从属性和经济从属性，因此，认定网络主播与文化传播公司之间不存在劳动关系。

（二）网络主播与文化传播公司之间的关系

1. 网络主播与文化传播公司之间不具备人身从属性

在直播行业中，网络主播在从事直播演艺活动过程中享有较大的自由度和自由空间，多数主播在家工作，无须到公司办公场所上班，亦无须遵守公司的规章制度。同时，文化传播公司对于演出主播的内容不作规定和要求，直播内容完全由主播个人意志决定，以及直播的时间及场所较为自由，文化传播公司并未进行实质意义上的管理。

此外，在网络主播和文化传播公司签订合同时，双方仅就直播活动的权利义务进行了约定，同时也对于利益分配进行明确约定，双方并没有签订劳动合同的合意，双方签订的合同为两个平等主体之间的民事契约，而非劳动合同。

2. 网络主播与文化传播公司之间不具备经济从属性

网络主播所获得的经济收益并非来源于文化传播公司提供的劳动报酬。双方在合同中已经明确约定了双方对于双方利益的分成比例，网络平台从“打赏”中抽取一定比例的收益。网络主播的酬金主要来源于不特定粉丝的“打赏”，收益由主播与粉丝之间直接完成，并非文化传播公司发的工资。换言之，主播对文化传播公司不具有经济的从属性，双方不具有劳动关系。

就目前来看，网络主播与文化传播公司或直播平台之间签订的合同多为合作协议性质，不具有劳动合同的主要特征，双方也不具有建立劳动关系的合意，因此，应当认定双方不具有劳动关系。

但近年来，不少文化公司参照演员艺人培养模式，与主播之间签订的合同中，已经明确约定文化公司为主播提供劳动场所并进行业务培训，主播受文化公司的管理，文化公司向其支付一定的劳动报酬，在这种情况下应当认定为劳动关系。

（五）诉讼与仲裁

可信时间戳真的“可信”吗？

——可信时间戳在诉讼案件中应用情况的探讨

信息保护和网络安全专业组　徐丹璐律师

随着互联网技术的不断发展，“电子数据”发挥着越来越重要的作用，其真实性和安全性也备受关注。对于从事知识产权保护，特别是著作权保护工作的法律人来说，“可信时间戳”这个词并不陌生。然而，“可信时间戳”是否真的像其名字展示的一样可信，仍然需要结合法律规定和司法判例作进一步探讨。

一、可信时间戳

通俗地理解，时间戳其实就相当于传统纸质文件上加盖的公章，是对其所对应文件的真实性的证明。在电子数据中，时间戳通常是一串字符序列，唯一的标识某一刻的时间，证明一份数据在某个特定时间之前已经存在完整的可验证的数据。

普通的时间戳一般由系统自动生成或者个人自建，由于缺乏权威时间机构进行授时和守时保障，在法律上的证明力较弱。而可信时间戳是由权威时间机构进行授时和守时保障，并有第三方时间戳服务机构颁发证书对电子数据的实际存在和内容完整进行证明。

目前我国可以提供可信时间戳服务的是联合信任时间戳服务中心（Time Stamp Authority，简称 TSA），由中国科学院国家授时中心和北京联合信任技术服务有限公司共同建设，北京联合信任技术服务有限公司主要负责时间戳服务系统的建设、应用开发、技术支持以及时间戳服务中心的商业化运营，国家授时中心主要负责该系统的国家标准时间溯源以及系统时间的同步预分配。可信时间戳服务目前已经运用在电子政务、电子商务、司法、知识产权保护等多个领域。

二、接纳可信时间戳作为证据的法律依据

最早的与时间戳相关的法律规定是2004年颁布、2005年施行的《电子签名法》，该法对数据电文和电子签名与认证进行了相应的规定，指出了判断数据电文是否完整、有效以及电子签名是否可靠的一般标准，其中第七条明确规定“数据电文不得仅因为其是以电子、光学、磁或者类似手段生成、发送、接收或者储存的而被拒绝作为证据使用”。

2010年最高人民法院、最高人民检察院等联合发布的《关于办理死刑案件审查判断证据若干问题的规定》中第二十九条规定，电子邮件、电子数据交换、网上聊天记录、网络博客、手机短信、电子签名、域名等属于电子证据。2012年修订的《民事诉讼法》第六十三条将“电子数据”作为独立的证据类型予以规定。2013年1月1日起正式施行的修订后的《刑事诉讼法》第四十八条，2015年5月1日起正式施行的修订后的《行政诉讼法》第三十二条均认定“电子数据”作为独立的证据类型。2015年最高人民法院发布的《关于适用〈中华人民共和国民事诉讼法〉的解释》第一百一十六条明确区分了电子数据和视听资料，对于电子证据在民事诉讼法领域的运用作了详细界定。

因此，可信时间戳作为电子数据形式的一种，可以在诉讼程序中作为证据使用。

三、可信时间戳在诉讼案件中的应用

1. 最初应用

2008年深圳市龙岗区人民法院所审理的“利龙湖”不正当竞争纠纷案（2008深龙法民初字第5558号），是我国首例在司法审判中应用时间戳的案件。该判决

书中记载："原告申请法院对上述网页打印资料真实性予以核实。本院在案件审理过程中，依据原告提供的网址线索，分别登录上述网站进行浏览核查，分别以打印浏览网页资料及保存浏览网页数据并加盖时间戳的方式固化调查内容。被告方对经法院调查核实的网页资料真实性无异议。"可见，时间戳在此案中的应用并非案件当事人主动提交的证据，而是法院依照当事人申请进行的调查中所采用的手段。

根据深圳市龙岗区法院的宣传，法院与由国家授时中心负责授时与守时的时间戳服务机构组成联合调研组，就电子证据固化领域的专业问题进行技术及法理、应用等多重研讨，成功构建"人民法院 TSA 电子证据固化系统"并开始在涉及数据电文证据的案件中展开应用。本案就是这一系统运用的成果之一。通过这一措施，减少了当事人在相关证据调查及开示程序中的异议，降低了权利人因此而支出的维权费用与取证成本。

2. 广泛发展

在无讼案例上以"可信时间戳"为关键词对相关案例进行初步检索，共有470 余篇法院文书，其中绝大多数是有关图片文件著作权或信息网络传播权的侵权行为的诉讼。

以"华盖创意（北京）图像技术有限公司"（以下简称华盖公司）为例，在其所涉诉讼的法律文书中有 131 件涉及可信时间戳相关的证据，占全部可信时间戳相关案例的近三分之一。

华盖公司之所以如此大规模地自 2015 年起在全国各地法院提起侵犯信息网络传播权或著作权诉讼，在于其经美国 GettyImages，Inc. （以下称为盖帝公司）[1] 授权，依法享有相关摄影素材在中华人民共和国境内展示、销售和许可他人使用的权利，同时盖帝公司就中国境内发生的作品侵权事宜授予华盖公司索赔

① 盖帝公司是全球知名的创意摄影作品供应商，在 120 多个国家以网站授权形式开展销售服务，是中国国务院办公厅新闻办原摄影图片供应商及 2008 年奥运会官方指定摄影机构，在全球创意类摄影作品业有着举足轻重的影响。

权。华盖公司在起诉中均采用可信时间戳认证证书及时间戳文件打印件、光盘复制件作为起诉对方侵犯著作权的证据。

尽管被告对可信时间戳认证的证明力提出质疑，但法院支持可信时间戳认证作为被告侵权事实证明依据的理由主要有二：一是华盖公司将证据保全过程制作了同步录像视频文件，并将同步录像文件及保全内容文件均申请了可信时间戳，在证据保全过程中也进行了计算机的清洁性检查，整个证据保全过程与可信时间戳结合，形成了完整的证据链条，真实可信。二是被告质疑时间戳认证证书的证据形式及所认证的内容缺乏证明效力，应当充分举证予以证明，在被告未充分举证的情况下，可以认定时间戳认证证书具有证明力。

通过前述初步分析可见，可信时间戳认证证书在司法案例中得到采信，并非仅由于联合信任时间戳服务中心的权威性，而是由于当事人将证据保全过程与时间戳认证相结合，形成了完整的证据链条，具有较高的证明力。同时，证据保全过程中当事人也借鉴了证据保全公证的相关做法，包括对电脑进行清洁和全部过程录像等，十分严谨，增加了所得证据的可信度。

时间戳认证在著作权案件中得到广泛应用的原因还在于其使用成本较低，联合信任时间戳服务中心进行每个电子数据认证只需 10 元，且手机就可下载软件进行操作，而证据保全公证则动辄上千元，且必须在公证处进行。

3. **拓展延伸**

通过检索发现，除著作权侵权案件外，可信时间戳认证在民间借贷纠纷中也得到了应用，如“苏州人人催信息科技有限公司与刘某曦民间借贷纠纷案”① 一审民事判决书，以及“杨某紧与魏某民间借贷纠纷案”② 一审民事判决书等。民间借贷纠纷之所以涉及可信时间戳认证，原因在于民间借贷行为所使用的平台签订借款协议时，对协议均进行了时间戳认证，以确保其自签订以来的完整性和真实性。

---

① （2016）苏 0508 民初 5955 号。

② （2016）豫 1222 民初 1763 号。

综合以上分析，当电子数据逐渐深入人们的生活，可信时间戳认证在司法中的使用不仅局限于著作权侵权案件，也开始向金融纠纷、合同纠纷领域扩展。尽管可信时间戳认证证书的证明力经常遭到对方攻击，但是法院采信可信时间戳认证证书作为证据并非仅因为联合信任时间戳服务中心的权威性，还因为其与整个证据保全过程及证据材料相互配合和印证，形成完整的证据链条。同时，对方不认可的，也应当举出相反的证据加以证明。由此可见，可信时间戳认证的出现并未对诉讼证据规则及认定产生影响，其作为一种新的证据形式，在当事人使用和法院认定时仍应当尊重原有的证据规则。

二

商事综合

（一）破产、重整与清算

浅析破产程序中取回权的行使

破产重整与清算专业组　于永志律师

破产取回权，是指在破产程序中财产权利人对债务人占有的属于自己的财产通过破产管理人取回的权利。《中华人民共和国企业破产法》（以下简称《企业破产法》）第三十八条规定："人民法院受理破产申请后，债务人占有的不属于债务人的财产，该财产的权利人可以通过管理人取回。但是，本法另有规定的除外。"本文围绕《企业破产法》及《最高人民法院关于适用〈中华人民共和国企业破产法〉若干问题的规定（二）》（以下简称《破产规定二》）中关于取回权的相关规定针对破产程序中取回权的行使进行简要分析和论述。

一、破产程序中取回权的种类

破产程序中涉及的取回权包括非债务人财产取回权、代偿性取回权、出卖人在途标的物取回权、出卖人取回权四类，这里面既有破产法下的取回权，也有其他法律中规定的取回权在破产程序中的具体适用。

非债务人财产取回权，是指在破产程序中对于不属于债务人的财产，其所有权人或者其他权利人通过管理人将该财产予以取回的权利，其权利行使的基础为民法上的所有权和其他财产权利。《破产规定二》第二条规定的债务人基于仓储、保管、承揽、代销、借用、寄存、租赁等合同或其他法律关系占用、使用他人的财产；所有权专属于国家且不得转让的财产；其他依照法律、行政法规不属于债务人的财产都属于非债务人财产取回权的财产范畴。

代偿性取回权，是指当非债务人财产取回权行使的标的财产毁损、灭失时，该财产的权利人依法对取回权标的物的代偿财产行使取回的权利，是对非债务人财产取回权制度的必要补充。《破产规定二》第二十九条规定："对债务人占有的权属不清的鲜活易腐等不易保管的财产或者不及时变现价值将严重贬损的财产，管理人及时变价并提存变价款后，有关权利人就该变价款行使取回权的，人民法院应予支持。"第三十二条规定："债务人占有的他人财产毁损、灭失，因此获得的保险金、赔偿金、代偿物尚未交付给债务人，或者代偿物虽已交付给债务人但能与债务人财产予以区分的，权利人主张取回就此获得的保险金、赔偿金、代偿物的，人民法院应予支持。"

出卖人在途标的物取回权，是破产法中规定的一项特殊的取回权，是指尚未收到全部价款的动产出卖人，将买卖标的物发送后，如果买受人在尚未收到标的物前破产的，出卖人可以请求取回标的物的权利，其目的在于担保已经脱离了对标的物控制权的出卖人获得买卖价款的权利。《企业破产法》第三十九条规定："人民法院受理破产申请时，出卖人已将买卖标的物向作为买受人的债务人发运，债务人尚未收到且未付清全部价款的，出卖人可以取回在运途中的标的物。但是，管理人可以支付全部价款，请求出卖人交付标的物。"

《破产规定二》第三十九条规定："出卖人依据企业破产法第三十九条的规定，通过通知承运人或者实际占有人中止运输、返还货物、变更到达地，或者将货物交给其他收货人等方式，对在运途中标的物主张了取回权但未能实现，或者在货物未达管理人前已向管理人主张取回在运途中标的物，在买卖标的物到达管理人后，出卖人向管理人主张取回的，管理人应予准许。"

出卖人取回权，是合同法上的权利在破产程序中的行使，是指当事人在买卖合同中约定所有权保留，在标的物所有权转移前，买受人未按约定支付价款或完成特定条件，或将标的物出卖、出质或者作出其他不当处分，对出卖人造成损害的，出卖人有权主张取回买卖标的物，该权利行使时涉及与企业破产法下管理人挑拣履行权的衔接。《破产规定二》第三十八条规定："买受人破产，其管理人决定解除所有权保留买卖合同，出卖人依据企业破产法第三十八条的规定主张取回买卖标的物的，人民法院应予支持。"

二、取回权的行使主体

行使取回权的主体包括定作人、托运人、出租人、寄存人、买卖合同中尚未转移所有权的出卖人等一切具有合法基础的所有权人、占有权人等相关权利人。依照《企业破产法》第三十八条之规定，人民法院受理破产申请后，债务人占有的不属于债务人的财产，该财产的权利人可以通过管理人取回，是关于破产取回权的直接规定。具体地讲，取回权的行使主体仅限于上述四类取回权中相关财产的权利人。

三、行使取回权前置程序

根据现行《企业破产法》及相关司法解释的规定，取回权人在法院受理破产案件后要行使取回权，应当先向破产管理人提出申请取回财产，而不能直接通过向破产案件受理法院提起诉讼的方式行使其基于物的所有权或者其他权利，这一点有别于普通民事关系中的物权权利人直接行使其权利的规定。

《破产规定二》第二十七条规定："权利人依据企业破产法第三十八条的规定向管理人主张取回相关财产，管理人不予认可，权利人以债务人为被告向人民法院提起诉讼请求行使取回权的，人民法院应予受理。"据此，法律明确规定了只有在破产管理人驳回权利人的取回权请求时，取回权人才可以向破产案件受理法院提起诉讼，即向法院提起诉讼的前置程序是向破产管理人提出取回权请求。关于管理人在取回权人提出取回的要求后，应在多长的期限内予以书面答复，司法解释并未给出明确的期间。

四、行使取回权的管辖法院

根据《企业破产法》第二十一条规定"人民法院受理破产申请后，有关债务人的民事诉讼，只能向受理破产申请的人民法院提起”，取回权诉讼应由受理破产申请的法院管辖。《企业破产法》第三条规定：“破产案件由债务人住所地人民法院管辖。”《最高人民法院关于审理公司强制清算案件工作座谈会纪要》第二条规定，“对于公司强制清算案件的管辖应当分别从地域管辖和级别管辖两个角度确定”。

地域管辖法院应为公司住所地的人民法院，即公司主要办事机构所在地法院；公司主要办事机构所在地不明确、存在争议的，由公司注册登记地人民法院管辖。级别管辖应当按照公司登记机关的级别予以确定，即基层人民法院管辖县、县级市或者区的公司登记机关核准登记公司的公司强制清算案件；中级人民法院管辖地区、地级市以上的公司登记机关核准登记公司的公司强制清算案件。2016 年 6 月 21 日，《最高人民法院关于在中级人民法院设立清算与破产审判庭的工作方案》规定，“中级人民法院设立的清算与破产审判庭一般管辖地（市）级以上（含本级）工商行政管理机关核准登记公司（企业）的强制清算与破产案件”。

2016 年 9 月 26 日，北京市第一中级人民法院宣布成立全市法院系院首个清算与破产审判庭。2016 年 10 月 11 日，《北京市高级人民法院关于调整中级人民法院公司强制清算与企业破产案件管辖的若干规定》规定，“一、2016 年 11 月 1 日以后，下列案件由北京市第一中级人民法院集中管辖：（1）市级以上（含市级）工商行政管理机关核准登记公司（企业）的强制清算与破产案件；（2）金融机构、上市公司强制清算与破产案件；（3）上述强制清算案件与破产案件的衍生诉讼案件”。

五、行使取回权的限制

1. 对取回权的行使期间的限制

权利人行使取回权，应当在破产财产变价方案或者和解协议、重整计划草案提交债权人会议表决前向管理人提出。权利人在上述期限后主张取回相关财产的，应当承担延迟行使取回权增加的相关费用。

另外，在债务人重整期间，权利人要求取回债务人合法占有的权利人的财产的，不符合双方当事人事先约定条件的，人民法院不予支持。但是因管理人或者债务人违反约定，可能导致取回物被转让、毁损、灭失或者价值明显减少的除外。所以从节省诉讼成本角度出发，行使取回权最好应在破产财产变价方案或者和解协议、重整计划草案提交债权人会议表决前提出。

2. 行使代偿性取回权的限制

原财产权利人是否可以行使代偿性取回权，争议还是比较大的，因为这涉及原财产权利人与全体债权人的利益平衡问题。确立代偿性取回权制度加大了对原财产权利人的保护力度，但如果不对其加以限制，必然会影响其他债权人的受偿问题。

所以法律以能否将财产毁损、灭失获得的保险金、赔偿金或者代偿物与债务人财产予以区分，作为原财产权利人能否行使代偿性取回权的前提。如果能够予以区分的，权利人就可以取回就此获得的保险金、赔偿金或者代偿物。如果不能够予以区分的，则只能根据财产毁损、灭失发生的时间分别按照普通破产债权或者共益债务在破产程序中获得清偿。

3. 行使在运途中标的物取回权的限制

出卖人在途标的物取回权源于英美货物买卖法的中途停运权。《中华人民共和国合同法》（以下简称《合同法》）第三百零八条对此也有相应规定。依照《企业破产法》第三十九条之规定，法院受理破产申请时，出卖人已将买卖标的物向作为买受人的债务人发运，债务人尚未收到且未付清全部价款的，出卖人可以取回在运途中的标的物，因而，该条规定对于在途货物的取回权作了要件式的限制，基本内涵为：（1）须由出卖人已实际将标的物托运或发出；（2）标的物处于在途状态，即出卖人已发出标的物，而买受人未收到标的物，处于一种控制与占有的“真空”状态，在途既包括处于运输状态，也包括暂处于承运人的保管状态；（3）买受人未支付全部价款；（4）发出时间为法院受理破产申请前，而收到时间应为受理之后。但是，该条规定了一项除外条件，即管理人可以支付全部价款，要求交付货物，以合同的完全履行来对抗出卖人的取回权，以保障债务人财产利益的最大化。

《破产规定二》第三十九条对出卖人行使在途货物的取回权作了更为详尽、细化的规定，即出卖人行使该取回权时，可以通过承运人或者实际占有人行使。原则上，承运人或者实际占有人应当按照出卖人的要求保障其取回权的实现。如果承运人或者实际占有人没有按照要求保障出卖人的取回权实现，导致买卖标的物最终交付到管理人的，因出卖人主张行使取回权时符合《企业破产法》第三十九条规定的条件，即使买卖标的物事后到达管理人的，出卖人仍然有权向管理人主张取回。管理人不得以标的物已经不符合在运途中的要件为由，拒绝其取回权行使。

另外，如果出卖人在标的物在运途中，由于特殊原因无法通过承运人等行使取回权的，也可以直接向管理人主张取回。待货物到达管理人后，管理人应当将标的物返回出卖人。出卖人对在途标的物取回权行使的一个重要前提是买卖标的物处于在运途中。如果出卖人未在买卖标的物到达管理人前及时主张行使在途标的物取回权的，其即丧失了行使该项取回权的权利。在买卖标的物到达管理人后，出卖人无权依据《企业破产法》第三十九条的规定向管理人主张取回买卖标的物。

4. 保留所有权的买卖合同中的取回权的限制

根据《合同法》第一百三十四条之规定，当事人可以在买卖合同中约定买受人未履行支付价款或者其他义务的，标的物的所有权属于出卖人，因而，在买受人未付清全部价款的情况下，出卖人可依照合同约定依所有权得以行使取回权。这是《合同法》对所有权保留的买卖合同中取回权的约定。

买卖合同一方当事人进入破产程序的，一方面，买受人未按照约定支付完毕价款或者履行其他约定条件；另一方面，基于双方合同约定，买卖标的物所有权尚未转移给买受人所有，因此该买卖合同应属双方均未履行完毕的合同。

根据《企业破产法》的规定，管理人有权基于债务人利益最大化的目的，自行决定继续履行或者解除该合同。因此，该合同是否继续履行，其选择权在于破产管理人。在出卖人破产还是买受人破产的不同情形下，破产管理人选择继续履行合同还是解除合同，对相关权利人能否行使合同法出卖人取回权有很大差别。《破产规定二》第三十六条至第三十九条对此作了详细的规定，具体如下：

（1）出卖人破产，管理人决定继续履行合同的，不存在债权加速到期的事由，双方应当按照原买卖合同的约定继续履行合同，如果买受人未按照双方合同约定期限支付价款或者完成特定条件，或者将标的物出卖、出质或者作出其他不当处分，对出卖人造成损害的，出卖人有权行使买卖合同出卖人的取回权；

（2）出卖人破产，管理人决定解除合同的，原买卖合同不再履行，出卖人基于标的物所有权尚未转移至买受人所有的事实，有权依据《企业破产法》的规定，将属于出卖人的财产追回后作为债务人财产，此时出卖人行使的并非合同法下出卖人的取回权，因此不以买受人违约为权利行使的前提条件；

（3）买受人破产，管理人决定继续履行合同的，根据《企业破产法》第四十六条的规定，买受人支付有关款项或者履行其他义务的期限自破产申请受理之日加速到期，管理人应当及时向出卖人支付尚未支付的全部价款或者履行完毕其他义务，如果管理人无正当理由未及时履行义务的，构成对买受人的违约，出卖人可以行使买卖合同出卖人取回权；

（4）买受人破产，管理人决定解除合同的，根据合同约定，出卖人对买卖标的物享有所有权，出卖人有权依据《企业破产法》第三十八条的规定取回该标的物。

由此可见，只有上述第（4）种情形属于《企业破产法》规定的取回权，其行使条件为：一是买受人作为所有权保留买卖合同中的当事人且其破产申请已被法院受理的；二是买受人的破产管理人决定解除该所有权保留买卖合同的。在这种情形下，出卖人应向买受人的管理人返还买受人已支付的价款。但出卖人取回的标的物价值明显减少给出卖人造成损失的，出卖人可以从买受人已支付价款中优先予以抵扣，将剩余部分返还给买受人的管理人。当买受人已支付的价款不足以弥补出卖人标的物价值减损形成的债权，出卖人可以向法院主张作为债务清偿。

建设工程价款优先受偿权在破产案件中的应用

——最高法别除权纠纷指导案例评析

破产重整与清算专业组　于永志律师

最高法发布的指导案例73号：通州建总集团有限公司诉安徽天宇化工有限公司别除权纠纷案

基本案情：

安徽天宇化工有限公司（以下简称安徽天宇公司）与通州建总集团有限公司（以下简称通州建总公司）签订了一份《建设工程施工合同》，安徽天宇公司将其厂区一期工程发包给通州建总公司承建。合同约定，开工日期：暂定2006年4月28日，竣工日期：2007年3月1日，合同工期总日历天数300天。发包方不按合同约定支付工程款，双方未达成延期付款协议，承包人可停止施工，由发包人承担违约责任。

2006年5月23日，通州建总公司遂组织施工，2007年安徽天宇公司厂区的厂房等主体工程完工。后因安徽天宇公司未按合同约定支付工程款，致使工程停工，该工程至今未竣工。2011年7月30日，双方在仲裁期间达成和解协议，约定如处置安徽天宇公司土地及建筑物偿债时，通州建总公司的工程款可优先受偿。后安徽天宇公司因不能清偿到期债务，江苏宏远建设集团有限公司向安徽省滁州市中级人民法院申请安徽天宇公司破产还债。

安徽省滁州市中级人民法院于2011年8月26日作出（2011）滁民二破字第00001号民事裁定，裁定受理破产申请。2011年10月10日，通州建总公司向安徽天宇公司破产管理人申报债权并主张对该工程享有优先受偿权。2013年7月

19日，安徽省滁州市中级人民法院作出（2011）滁民二破字第00001－2号民事裁定，宣告安徽天宇公司破产。通州建总公司于2013年8月27日提起诉讼，请求确认其债权享有优先受偿权。

裁判结果：

法院确认通州建总集团有限公司对申报的8829702元债权就其施工的安徽天宇化工有限公司生产厂区土建、安装工程享有优先受偿权。案件受理费80元，由安徽天宇化工有限公司负担。

裁判理由：

本案双方当事人签订的建设工程施工合同虽约定了工程竣工时间，但涉案工程因安徽天宇公司未能按合同约定支付工程款导致停工。现没有证据证明在工程停工后至法院受理破产申请前，双方签订的建设施工合同已经解除或终止履行，也没有证据证明在法院受理破产申请后，破产管理人决定继续履行合同。

根据《中华人民共和国企业破产法》（以下简称《企业破产法》）第十八条第一款“人民法院受理破产申请后，管理人对破产申请受理前成立而债务人和对方当事人均未履行完毕的合同有权决定解除或继续履行，并通知对方当事人。管理人自破产申请受理之日起二个月未通知对方当事人，或者自收到对方当事人催告之日起三十日内未答复的，视为解除合同”之规定，涉案建设工程施工合同在法院受理破产申请后已实际解除，本案建设工程无法正常竣工。

按照最高人民法院全国民事审判工作会议纪要精神，因发包人的原因，合同解除或终止履行时已经超出合同约定的竣工日期的，承包人行使优先受偿权的期限自合同解除之日起计算，安徽天宇公司要求按合同约定的竣工日期起算优先受偿权行使时间的主张，缺乏依据，不予采信。

2011年8月26日，法院裁定受理对安徽天宇公司的破产申请，2011年10月10日，通州建总公司向安徽天宇公司的破产管理人申报债权并主张工程款优先受偿权，因此，通州建总公司主张优先受偿权的时间是2011年10月10日。安徽天宇公司认为通州建总公司行使优先受偿权的时间超过了破产受理之日六个月，与事实不符，不予支持。

案例评析：

指导案例为别除权纠纷，别除权就是指债权人因其债权设有物权担保或享有特别优先权，而在破产程序中就债务人（破产人）特定财产享有的优先受偿权利。《企业破产法》第一百零九条规定："对破产人的特定财产享有担保权的权利人，对该特定财产享有优先受偿的权利"，此条规定的权利即破产法理论上的别除权。

优先权问题是《企业破产法》中非常重要的问题，《企业破产法》关于优先权的规定过于简单，特别优先权在破产法案件实践中较为混乱。建设工程款优先受偿权就是一种特别优先权，指导案例对建设工程款优先受偿在破产法中的应用具有指导意义。

一、关于建设工程价款优先受偿权的性质

《中华人民共和国合同法》（以下简称《合同法》）第二百八十六条规定："发包人未按照约定支付价款的，承包人可以催告发包人在合理期限内支付价款。发包人逾期不支付的，除按照建设工程的性质不宜折价、拍卖的以外，承包人可以与发包人协议将该工程折价，也可以申请人民法院将该工程依法拍卖。建设工程的价款就该工程折价或者拍卖的价款优先受偿。"该规定设立了工程承包人的工程款优先受偿权。

关于建设工程价款优先权，理论上一直存在着三种争议，即留置权说、法定抵押权说和法定优先权说。通说是法定优先权说，这是由建设工程价款优先受偿权的特征决定的，此权利由法律直接规定，其产生与法律效力具有法定性，以特定财产担保债权实现，还具备优先受偿性、物上代位性等特征。

《最高人民法院关于建设工程价款优先受偿权问题的批复》（以下简称《批复》）第一条规定，"建筑工程的承包人的优先受偿权优于抵押权和其他债权"，根据该条规定，最高人民法院已将承包人的优先受偿权与抵押权和其他债权区分

开，因此，建设工程价款优先受偿权显然不属于法定抵押权，性质上属于一种法定优先权。另外，建设工程价款优先受偿权作为人民法院受理破产申请时债权人对债务人享有的债权，应属于破产债权。指导案例确认建设工程价款优先受偿权适用于破产案件。

二、关于建设工程价款优先受偿权在破产程序中的行使方式

人民法院受理破产申请后，应当确定债权人申报债权的期限，债权人应当在人民法院确定的债权申报期限内向管理人申报债权。《企业破产法》第四十九条规定，“债权人申报债权时，应当书面说明债权的数额和有无财产担保，并提交有关证据”。第五十六条第二款规定：“债权人未依照本法规定申报债权的，不得依照本法规定的程序行使权利。”根据上述规定，别除权人也应当申报债权，因其也属于法律规定的“债权人”之列，而且破产法还要求申报者“应当书面说明有无财产担保”。

在破产管理人占有担保物的情况下，别除权人对担保物行使权利，应向破产管理人提出，如其权利未得到确认，别除权人应以管理人为被告提出债权确认诉讼。《企业破产法》对建设工程价款优先受偿权如何行使并无规定，指导案例中，通州建总公司向安徽天宇公司的破产管理人申报债权并主张工程款优先受偿权，管理人拒绝确认，通州建总公司通过提起债权确认诉讼的方式行使别除权。

三、关于建设工程价款优先受偿权的行使期限

《合同法》第二百八十六条规定了建设工程价款优先受偿权，但并未规定行使期限。《批复》第四条规定“建设工程承包人行使优先权的期限为六个月”，这里的六个月期限，性质上为除斥期间。除斥期间自权利成立时起算，期间届满后权利归于消灭，除斥期间为不变期间，不能适用诉讼时效有关中止、中断或延长的规定。

关于承包人行使优先权的六个月的行使期限是必须在六个月内向管理人申报

债权，还是在六个月内必须登记公示，抑或在六个月之内必须提起诉讼，《合同法》第二百八十六条及最高人民法院《批复》对六个月行使期限内的优先权主张形式并未明确。指导案例中，法院认定通州建总公司作为别除权人在六个月内向破产管理人申报债权，即视为行使了优先受偿权。

四、关于建设工程价款优先受偿权行使期限的起算点

根据相关案例，双方当事人争议大多是关于建设工程价款优先受偿权是否在六个月期限内行使，如何确定优先权行使期限的起算点尤为重要。《批复》规定，建设工程承包人行使优先权的期限为六个月，自建设工程竣工之日或者建设工程合同约定的竣工之日起计算。

最高人民法院2011年公布的《全国民事审判工作会议纪要》第二十六条规定："非因承包人的原因，建设工程未能在约定期间内竣工，承包人依据合同法第二百八十六条规定享有的优先受偿权不受影响；承包人行使优先受偿权的期限为六个月，自建设工程合同约定的竣工之日起计算；建设工程合同未约定竣工日期，或者由于发包人的原因，合同解除或终止履行时已经超出合同约定的竣工日期的，承包人行使优先受偿权的期限自合同解除或终止履行之日起计算。"

根据上述规定：第一，建设工程实际竣工，起算时间为"建设工程竣工之日"。第二，非因承包人原因建设工程未竣工，合同约定了竣工日期的，自约定的竣工之日起计算。第三，合同未约定竣工日期，自合同解除/终止履行之日起计算。第四，由于发包人原因，合同解除/终止履行时已超出约定的竣工日期的，自合同解除/终止履行之日起计算。

指导案例中，涉案工程因发包人安徽天宇公司未能按合同约定支付工程款导致停工，后安徽天宇公司进入破产程序，法院根据《企业破产法》第十八条的规定，认定管理人自破产申请受理之日起二个月未通知对方当事人，视为解除合同，自合同解除之日起计算六个月期限。

五、关于建设工程款优先受偿的范围

关于承包人行使建设工程价款优先受偿权的范围，在实践中有三种观点：一是应包括承包人付出的劳动报酬、材料费和施工垫付费用及违约金等；二是应仅限于工程款中所包含的工人工资；三是包括承包人为建设工程支付的劳务报酬、材料款等实际支出的费用，但不应包括违约金。《批复》第三条规定，建设工程价款包括承包人为建设工程应当支付的工作人员报酬、材料款等实际支出的费用，不包括承包人因发包人违约所造成的损失。

各地法院对此执行也不一致，如《江苏省高级人民法院关于审理建设工程施工合同纠纷案件若干问题的意见》明确将垫资款等实际支出费用划入优先受偿范围内。垫资款是否享有优先受偿权争议较大，指导案例中也涉及优先受偿范围问题，安徽天宇公司提出承包人对损失和利润并不能享有优先权，法院认定审计机构对该工程造价审核时不包括损失和利润，但并未涉及垫资款问题。

综上，《合同法》第二百八十六条、《批复》规定了建设工程价款优先受偿权制度及具体应用，但《企业破产法》对此并无规定。指导案例对建设工程价款优先受偿权在破产案件中的适用，包括行使方式、期限、范围等都具有一定指导意义。

“凛冬将至”，买房遭遇破产怎么办？

破产重整与清算专业组　于永志律师

“凛冬将至”是美剧《权利的游戏》中北方史塔克家族的箴言，寓意寒冬到来，黑暗、寒冷逐渐侵袭，不可预知的危险步步逼近，每个人的命运将发生转折。此语用来形容现在的楼市再形象不过。

自 2015 年下半年股市暴跌后至今，一线城市房价暴涨。2016 年“9 · 30”政策揭开调控序幕，自 2017 年 3 月 17 日起，北京连续出台“认房又认贷、提高首付比例”“非京籍购房需连续 60 个月纳税”“离婚一年以内，房贷均按二套房执行”“商住房限购”等十几项政策，随着调控措施逐步加码，楼市成交量暴跌步入寒冬。

2009 年 12 月的房地产调控中就有房企破产，买房人损失惨重的情况发生。此次调控中可能也会有开发商资金链断裂破产，买房人已经支付部分或全部购房款，但尚未办理产权过户手续的情况，如遇房企破产，房屋将会被破产管理人纳入破产财产，买房人将面临重大风险。本文结合几个买房人遭遇房企破产的案例，分析买房人如何行使取回权取回房屋的法律问题。破产取回权，是指在破产程序中财产权利人对债务人占有的属于自己的财产通过破产管理人取回的权利。

案例1

买房人已支付全款并占有房屋，行使取回权获得法院支持

——何某与北京金环房地产开发有限公司取回权纠纷案①

案情简介：

何某与金环公司签订商品房预售合同。合同签订后，何某向金环公司支付了首期房款，办理了银行贷款。后法院裁定受理金环公司破产清算。何某提起诉讼请求行使取回权，并请求金环公司办理房屋过户手续。

裁判要旨：

法院认为，何某已经向金环公司支付了涉案房屋的全部房款，金环公司亦将房屋交付于何某占有、使用，根据《最高人民法院关于审理企业破产案件若干问题的规定》第七十一条第（六）项规定，尚未办理产权证或者产权过户手续但已向买方交付的财产不属于破产财产。涉案房屋不属于金环公司的破产财产，何某作为涉案房屋的权利人有权行使取回权。

案例评析：

此案中，买房人不幸遭遇房企破产，但比较幸运的通过取回权取回了房屋。虽然买房人尚未取得房屋的所有权，但法院根据《企业破产法》司法解释的相关规定，认定买房人已经支付全部房款并实际占有使用房屋，房屋不属于破产财产，判决房屋归买房人所有。

案例2

房企未交房，买房人未支付全部购房款，法院判决合同已解除，驳回买房人的诉讼请求

——北京英嘉房地产开发有限公司与史某合同纠纷案②

案情简介：

史某与英嘉公司签订《买卖合同》。合同签订后，办理了预售登记。英嘉公

① （2015）一中民（商）初字第1775号

② （2015）一中民初字第6591号

司未向史某交付房屋亦未进行产权转移登记。史某与建行城建支行、英嘉公司签订《个人住房贷款借款合同》，借款金额217万元。后英嘉公司获取了该合同项下的银行贷款。后英嘉公司破产。英嘉公司起诉请求法院确认《买卖合同》已解除。史某提起反诉，依据《最高人民法院关于审理企业破产案件若干问题的规定》第七十一条第（五）项“特定物买卖中，尚未转移占有但相对人已完全支付对价的特定物”，请求行使取回权并办理房屋过户手续。

裁判要旨：

法院认为，按照合同约定，史某应当支付2723713元购房款，但现有证据只能证明史某通过银行贷款支付217万元，史某未支付全部购房款，英嘉公司未向史某交付房屋，故法院认定双方均未履行完毕涉案《买卖合同》。根据《企业破产法》第十八条第一款规定：“人民法院受理破产申请后，管理人对破产申请受理前成立而债务人和对方当事人均未履行完毕的合同有权决定解除或者继续履行，并通知对方当事人。管理人自破产申请受理之日起二个月内未通知对方当事人，或者自收到对方当事人催告之日起三十日内未答复的，视为解除合同”，该合同已解除。

《最高人民法院关于审理企业破产案件若干问题的规定》第七十一条第（五）项规定的特定物是指尚未转移占有但相对人已完全支付对价的特定物，史某未证明其已经完全支付了价款，故本案不适用该条规定。鉴于涉案买卖合同已解除，涉案房屋的网签合同亦应撤销，故英嘉公司要求撤销网签合同的诉讼请求，本院予以支持。

案例评析：

本案中买房人既未实际占有房屋，又未支付全部房款，房企根据《企业破产法》第十八条的规定主张合同已解除，最终法院判决合同解除。虽然买房人支付了大部分购房款，但无证据证明已“完全支付对价”，法院认定不适用《最高人民法院关于审理企业破产案件若干问题的规定》第七十一条第（五）项规定，驳回了买房人的诉讼请求。

案例3

房屋未交付，买房人已支付全款，法院判决房企无权解除合同，买房人有权行使取回权

——北京英嘉房地产开发有限公司、杨某物权确认纠纷申请再审案①

案情简介：

杨某与英嘉公司签订《商品房买卖合同》，办理了商品房预售预购登记。英嘉公司没有向杨某交付房屋，也没有为杨某办理房屋的所有权转移登记手续。2006年英嘉公司破产。破产管理人接管英嘉公司后，针对英嘉公司与杨某签订的《商品房买卖合同》，未向杨某出具解除合同或者继续履行合同的通知。杨某与建行城建支行、英嘉公司签订了《个人住房贷款借款合同》，借款金额195万元，建行城建支行将贷款款项直接划入英嘉公司的存款账户内。杨某依约偿还贷款本金及利息至2003年3月，自2003年4月起停止偿还贷款。后杨某提起诉讼请求确认房屋归其所有。

裁判要旨：

最高院认为，本案所涉房屋为住宅商品房，杨某通过个人首付、向银行按揭贷款方式支付了全部价款。根据《合同法》《最高人民法院关于建设工程价款优先受偿权问题的批复》等相关法律、司法解释规定之精神，交付了购买商品房的全部或者大部分款项后，消费者就所购商品房对出卖人享有的债权，有别于普通无担保债权，是一种针对特定不动产所享有的具有非金钱债务属性的特殊债权，在受偿顺序上优先于有担保债权的建设工程价款优先受偿权亦不得对抗该债权。

根据《企业破产法》第十八条第一款之规定，管理人仅对破产申请受理前成立而债务人和对方当事人均未履行完毕的合同有权决定解除或者继续履行。而本案中，杨某已经通过银行按揭贷款支付了案涉房屋的全部款项，故对于案涉商品房买卖合同，英嘉公司破产管理人并无解除权。

---

① （2015）民申字第1158号

案例评析：

本案与上一个案例的房企为同一家公司，不同的购房人遭遇了不同的判决结果。本案中购房人支付了全部房款，法院判决房企无权解除合同，支持了购房人的诉讼请求。

案例4

买房人已支付全款，房企已交付房屋，买房人行使取回权被驳回

——黄某诉北京泰丰房地产开发有限公司一般取回权纠纷案[①]

案情简介：

黄某与泰丰公司签订《商品房买卖合同》，泰丰公司将鸿坤国际大酒店九套房屋出售给黄某。合同签订后，黄某按照合同约定向泰丰公司支付了全部房价款，泰丰公司向黄某交付了上述房屋。后黄某诉至丰台法院，要求泰丰公司为其办理涉案房屋的产权登记手续。丰台法院判决泰丰公司继续履行与黄某签订的《商品房买卖合同》，并协助黄某办理房屋的产权登记手续。泰丰公司在与黄某签订《商品房买卖合同》时，泰丰公司持有的京房售证字（2002）1172号《北京市商品房预售许可证》已过期。后北京市第二中级人民法院裁定受理泰丰公司的破产清算案。黄某提起诉讼请求取回房屋。

裁判要旨：

法院认为，一是泰丰公司与黄某签订《商品房买卖合同》时，《北京市商品房预售许可证》已经过期，所以《商品房买卖合同》应认定为无效。二是黄某和泰丰公司签订的《商品房买卖合同》无效，故本案涉案房屋不符合《最高人民法院关于审理企业破产案件若干问题的规定》第七十一条第（六）项规定的情形。三是泰丰公司在与黄某签订《商品房买卖合同》时，涉案房屋所在的鸿坤国际大酒店没有办理过竣工验收备案手续并取得相关产权手续。且涉案房屋已

---

① （2016）京02民初230号

被北京市第二中级人民法院、丰台法院等多家法院查封。因此，黄某要求行使取回权并将涉案房屋过户到其名下的诉讼请求没有事实依据，也没有法律依据，法院不予支持。

案例评析：

本案中，买房人实际占有了房屋且已支付了全部房款，诉讼请求仍被驳回。本案判决存在一些争议：其一，本案中《商品房买卖合同》已经丰台法院判决认定合同有效。二中院认定合同无效与丰台法院生效判决矛盾。在“徐州市路保交通设施制造有限公司与徐州市华建房地产开发有限公司房屋买卖合同纠纷上诉案”中①，最高人民法院认为“当事人对已经发生法律效力的判决不服，或者法院发现生效判决确有错误，只有依法通过启动审判监督程序，撤销原判，才能对案件重新审理。否则，当事人和法院都应受该生效判决的拘束，当事人不得在以后的诉讼中主张与该判决相反的内容，法院也不得在以后的诉讼中作出与该判决冲突的认定和处理”。

其二，商品房预售许可证过期后并不必然导致商品房买卖合同无效，在“付某商品房预售合同纠纷再审案”中②，北京高院认为：“房地产公司虽未取得商品房预售许可证，为维护商品房交易秩序的稳定和保护交易现状，双方的房屋买卖合同应当认定有效并继续履行。”

综上，买房人遭遇房企破产后，可以通过行使取回权维护自己的权利。但根据以上案例，买房人在什么条件下才能取回房屋，法律规定并不是很明确。一旦进入诉讼程序会面临各种不可预知的风险，即使买房人支付了全款并占有了房屋，也有可能无法取回房屋。总之，凛冬已至，房市有风险，买房需谨慎，如果买房尽量选择知名房企，这样遭遇破产的可能性比较小。

---

① （2005）民一终字第65号

② （2014）高民提字第130号

参与分配制度的适用范围变化与执转破的衔接

破产重整与清算专业组　于永志律师

民事执行程序中的参与分配制度，是指“在执行程序中，因债务人的财产不足以清偿各债权人的全部债权，申请执行人以外的其他债权人凭有效的执行依据也申请加入已开始的执行程序，各债权人从执行标的物的变价中获得公平清偿的制度”。

破产制度是在债务人丧失清偿能力时，法院强制对其全部财产清算分配、公平清偿债权人，或由债务人与债权人会议达成和解协议，或通过企业重整，避免债务人倒闭的法律制度。

关于参与分配的适用范围一直是理论界与实务界关注的问题。各地法院对于参与分配的适用范围差别较大，认识不统一。部分地区法院对于企业法人基本不适用参与分配制度，而是按照执行措施先后顺序受偿，极少按债权比例受偿；部分法院则视案件具体情况而定，申请执行人数较少的，按执行措施先后顺序受偿，申请执行人数较多的，则按债权比例受偿。2015 年 2 月 4 日《最高人民法院关于适用〈中华人民共和国民事诉讼法〉的解释》（以下简称《民诉法解释》）施行后，此问题得到了解决，下面根据一个案例进行分析。

案例（2016）苏执复 140 号：

凯荣公司与羽晨公司买卖合同纠纷一案，南通中院作出民事判决：羽晨公司于本判决生效之日起十日内给付凯荣公司货款及利息。“永亨公司与羽晨公司等借款合同纠纷案”，惠安法院作出民事调解书，羽晨公司结欠永亨公司借款本金 220 万元等。2015 年 9 月 7 日，永亨公司向惠安法院申请强制执行。2016 年 4 月

7日，永亨公司向南通中院提交参与分配申请书，请求根据《最高人民法院关于适用〈中华人民共和国民事诉讼法〉若干问题的意见》（以下简称《民诉法意见》）第二百九十七条、第二百九十八条的规定参与分配被执行人羽晨公司在泉州银行被南通中院保全的存款。

法院认为：

1.《民诉法意见》已于2015年2月4日废止，永亨公司于2016年4月7日请求根据《民诉法意见》第二百九十七条、第二百九十七条的规定参与分配羽晨公司存款没有法律依据。

2.《民诉法解释》第五百零八条第一款规定："被执行人为公民或者其他组织，在执行程序开始后，被执行人的其他已经取得执行依据的债权人发现被执行人的财产不能清偿所有债权的，可以向人民法院申请参与分配。"第五百一十六条规定："当事人不同意移送破产或者被执行人住所地人民法院不受理破产案件的，执行法院就执行变价所得财产，在扣除执行费用及清偿优先受偿的债权后，对于普通债权，按照财产保全和执行中查封、扣押、冻结财产的先后顺序清偿。"

本案被执行人羽晨公司为企业法人，故不适用《民诉法解释》第五百零八条第一款等关于被执行人为公民或其他组织时申请参与分配的规定。被执行人羽晨公司尚未进入破产程序。由于凯荣公司和永亨公司对羽晨公司的债权均属于普通债权，故对羽晨公司的财产，应根据《民诉法解释》第五百一十六条规定的先后顺序清偿。

3.《民诉法解释》第五百一十六条规定的被执行人财产清偿顺序，为"按照财产保全和执行中查封、扣押、冻结财产的先后顺序清偿"。其中"查封、扣押、冻结"措施，既包括执行程序中作出的，也包括财产保全程序中作出的。惠安法院（2015）惠执字第2884号案件虽然先于南通中院（2016）苏06执112号案件立案，但南通中院在惠安法院立案之前，就已经在诉讼财产保全中采取了冻结措施。故对南通中院冻结、扣划的羽晨公司存款，应当适用《民诉法解释》第五百一十六条规定的顺序清偿。南通中院向惠安法院发送公函认为永亨公司要求参与分配的申请无法支持，具有事实根据和法律依据。

（1）参与分配制度的创设——仅限被执行人为公民或其他组织

1992 年《最高人民法院关于贯彻执行〈中华人民共和国民事诉讼法〉若干问题的意见》（以下简称《适用意见》）创设了参与分配制度。《适用意见》第二百九十七条规定，“被执行人为公民或者其他组织，在执行程序开始后，被执行人的其他已经取得执行依据的或者已经起诉的债权人发现被执行人的财产不能清偿所有债权的，可以向人民法院申请参与分配”。根据该规定，参与分配制度的适用条件，仅限于被执行人为公民和其他组织，已经取得执行依据的或者已经起诉的债权人。

（2）参与分配制度的变化——增加企业法人也适用参与分配制度

1998 年《最高人民法院关于人民法院执行工作若干问题的规定（试行）》（以下简称《执行规定》）第九十条至第九十六条中作出了进一步规定。第九十六条规定，被执行人为企业法人，未经清理或清算而撤销、注销或歇业，其财产不足清偿全部债务的，应当参照本规定第九十条至第九十五条的规定，对各债权人的债权按比例清偿。被执行人为企业法人的也适用参与分配制度。

该规定将参与分配扩充到破产法的所有适用领域，参与分配与破产制度在调整对象上完全竞合，参与分配实质上成了执行程序中的破产偿债制度，沦为破产制度的替代品。

（3）参与分配制度的最新规定——将企业法人排除在参与分配制度之外

《民诉法解释》第五百零八条规定，被执行人为公民或者其他组织，在执行程序开始后，被执行人的其他已经取得执行依据的债权人发现被执行人的财产不能清偿所有债权的，可以向人民法院申请参与分配。对人民法院查封、扣押、冻结的财产有优先权、担保物权的债权人，可以直接申请参与分配，主张优先受偿权。《民诉法解释》再次将参与分配制度的适用对象限定为被执行人为公民或其他组织，将企业法人排除在参与分配制度之外。

4. 被执行人为企业法人的，如未能执转破，则普通债权按财产保全和执行

中查封、扣押、冻结财产的先后顺序清偿，不适用参与分配制度

《民诉法解释》第五百一十三条规定，在执行中，作为被执行人的企业法人符合企业破产法第二条第一款规定情形的，执行法院经申请执行人之一或者被执行人同意，应当裁定中止对该被执行人的执行，将执行案件相关材料移送被执行人住所地人民法院。第五百一十六条规定，当事人不同意移送破产或者被执行人住所地人民法院不受理破产案件的，执行法院就执行变价所得财产，在扣除执行费用及清偿优先受偿的债权后，对于普通债权，按照财产保全和执行中查封、扣押、冻结财产的先后顺序清偿。

根据前述参与分配制度的变化，《民诉法解释》最终将企业法人排除在参与分配制度之外，其意义在于防止执行分配制度架空《企业破产法》，如果债权人不申请破产，则可能无法获得任何清偿，“倒逼”申请查封在后的债权人去申请破产，有效解决破产程序启动难的问题。该条款构成了我国的“执破衔接”制度的重要内容，资不抵债的企业法人均进入强制清算或者破产程序，将会极大减轻执行部门的负担，避免了参与分配程序与破产程序的冲突问题。

破产程序中管理人合同选择履行权的行使问题

破产重整与清算专业组　于永志律师

《企业破产法》第十八条第一款规定："人民法院受理破产申请后，管理人对破产申请受理前成立而债务人和对方当事人均未履行完毕的合同有权决定解除或者继续履行，并通知对方当事人。管理人自破产申请受理之日起二个月内未通知对方当事人，或者自收到对方当事人催告之日起三十日内未答复的，视为解除合同。管理人决定继续履行合同的，对方当事人应当履行；但是，对方当事人有权要求管理人提供担保。管理人不提供担保的，视为解除合同。"此条规定赋予了管理人对合同的选择履行权。

《合同法》第一百零七条规定："当事人一方不履行合同义务或者履行合同义务不符合约定的，应当承担继续履行、采取补救措施或者赔偿损失等违约责任。"根据《合同法》的规定，当事人一方不履行义务，另一方可以要求继续履行。在破产案件中，当事人是否有权要求管理人继续履行？

案例分析①

科盛达公司与湘钢公司于 2007 年 7 月 3 日签订合同约定：对于科盛达公司在深圳市蛇口渔业二村 A2 地块宗地号 K704 – 17 地段土地上兴建的楼宇，湘钢公司自愿购买其第五层，建筑面积为 1023. 16 平方米，第六层至第十层建筑面积为 4538. 7 平方米，合计 5561. 86 平方米；双方同意上述楼宇单价为 4000 元/平方米，合计 13672000 元整；科盛达公司以该面积楼房抵付湘钢公司的所欠钢材款

① （2016）最高法民申 3384 号

13672000元，如科盛达公司在土地证下发后十日内将欠款及原钢材购销合同的违约金付清，湘钢公司同意科盛达公司将楼收回；科盛达公司无权单方终止合同，将楼宇出售他人，出售之款不足以还清湘钢公司之款时，湘钢公司可向科盛达公司追索。合同签订后，因案涉房屋未进行竣工验收、未办理初始登记手续，尚未具备过户登记至湘钢公司名下的条件，在科盛达公司于2013年6月3日被深圳中院受理破产清算时，上述案涉合同尚未履行完毕。湘钢公司起诉要求继续履行合同。

法院经审查认为，在合同尚未履行完毕的情况下，合同一方当事人进入破产程序的，除根据《企业破产法》第十八条的规定管理人选择继续履行的合同可以继续履行外，其他合同均应解除。《企业破产法》将是否继续履行合同的权利特别赋予管理人一方，即只有在管理人基于破产财产最大化考量基础上，单方决定继续履行合同的情况下，该未履行完毕的合同才能继续履行，否则，合同均应解除。

据此，在科盛达公司已经进入破产程序的情况下，案涉合同是否继续履行当由该公司管理人决定，湘钢公司在没有证据证明管理人决定继续履行合同的情况下，单方主张继续履行合同没有法律依据。并且，湘钢公司继续履行案涉合同的主张，实质上是要求科盛达公司对其原有债权在破产程序之外给予全额、个别清偿，而其未能举证证明其就该债权享有优先受偿权，湘钢公司的主张无疑将损害科盛达公司其他债权人的权益，有违《企业破产法》第十六条有关人民法院受理破产申请后，债务人不得对个别债权人为债务清偿之规定，故原判决对该主张不予支持并无不当。湘钢公司以科盛达公司具备继续履行案涉合同的能力为由，主张继续履行该合同于法无据，法院不予支持。

根据上述判例，合同是否继续履行的选择权属于管理人，相对方无权以合同可以继续履行为由主张继续履行合同。不过管理人行使解除权需注意以下几个问题。

1. 关于管理人行使合同选择履行权的次数

管理人对合同的选择履行权只能行使一次，不得反向再次或多次行使，否则不仅有违诚信原则，而且可能会损害对方当事人的利益。管理人行使一次选择权后即丧失要求对方继续履行合同的选择权。无论管理人选择继续履行合同或解除合同，均不得再反悔。如果允许管理人可以多次反向行使合同选择履行权，则合同面临不确定性，对对方当事人是非常不公平的。

2. 关于合同解除的期限

对于“管理人自破产申请受理之日起二个月内未通知对方当事人，或者自收到对方当事人催告之日起三十日内未答复的，视为解除合同”规定的理解。此项规定立法本意是要限制管理人的合同选择履行权，即管理人超过通知或答复的法定期限，即丧失要求对方继续履行合同的选择权。不能理解为只要在法定期限内管理人未通知或未答复对方，合同就已经解除，双方不能再继续履行。

3. 关于管理人选择继续履行合同时，双方是否可以变更合同

在管理人选择继续履行合同时，双方协商一致对原合同约定的履行数量、期限、方式等加以必要的变更，如不违反法律法规的强制性规定，则应属合法有效。

4. 管理人选择继续履行合同的限制

如果继续履行合同与企业是否继续经营活动相互关联，继续履行合同涉及《企业破产法》第六十九条的规定，属于应当报告债权人委员会的重大财产处分事项，则应履行法定的程序，然后再考虑合同是否能继续履行的问题。

5. 管理人行使合同解除权的限制

对于一些特殊种类的合同，管理人的合同选择履行权应受到必要的限制。例如，破产企业为他人提供担保的合同，管理人无权选择解除合同。破产企业与他人签订的房屋买卖合同，如果房屋已交付，管理人一般也不得解除合同。管理人是否可以解除租赁合同，实践中观点不一，主要根据具体案件中租赁合同履行情况等进行判断。

6. 管理人解除合同的法律后果

合同解除后，给对方当事人造成损失的，当事人有权向管理人申报债权。对方当事人对管理人随意解除合同的行为不服，可基于《合同法》第九十六条的规定，向法院提起诉讼，通过民事诉讼程序解决。

清算责任纠纷案例分析

——关于《公司法解释二》第十八条的溯及力问题

破产重整与清算专业组　于永志律师

2008年5月，最高人民法院公布了《最高人民法院关于适用〈中华人民共和国公司法〉若干问题的规定（二）》（以下简称《公司法解释二》），该解释第十八条规定"有限责任公司的股东、股份有限公司的董事和控股股东未在法定期限内成立清算组开始清算，导致公司财产贬值、流失、毁损或者灭失，债权人主张其在造成损失范围内对公司债务承担赔偿责任的，人民法院应依法予以支持。有限责任公司的股东、股份有限公司的董事和控股股东因怠于履行义务，导致公司主要财产、账册、重要文件等灭失，无法进行清算，债权人主张其对公司债务承担连带清偿责任的，人民法院应依法予以支持。上述情形系实际控制人原因造成，债权人主张实际控制人对公司债务承担相应民事责任的，人民法院应依法予以支持"。

《公司法解释二》施行后，很多债权人通过调查发现债务人被吊销执照后未进行清算，债权人即依据该条规定向法院提起清算责任纠纷之诉，要求未履行清算义务的股东对公司债务承担连带责任。实践中，有的公司营业执照被吊销发生在2008年《公司法解释二》颁布之前，还有的公司营业执照被吊销发生在2005年《公司法》修订之前，当时的《公司法》（1999年《公司法》）并未规定公司营业执照被吊销是公司解散的法定事由。《公司法解释二》对于颁布之前的行为是否具有溯及既往的效力，在实践中产生很大争议，本文通过三个案例进行分析。

案例 1

中科实业集团（控股）有限公司与上海文盛投资管理有限公司等清算责任纠纷案①

裁判要旨：法院认为，中科实业公司上诉称因本案债权被判决确认以及中科红叶公司被吊销营业执照等事宜均发生于《公司法解释二》实施之前，根据"法不溯及既往"的原则，本案不应适用《公司法解释二》。中科红叶公司于 2003 年被吊销营业执照，当时《公司法》（1999 年）虽未明确将吊销营业执照作为公司解散的法定事由，然而《公司法》于 2005 年修订之后，已经就此作出了明确的规定，并规定了成立清算组进行清算的期限，此时中科红叶公司应当依法清算。但在《公司法解释二》实施之后，中科红叶公司仍处于未清算状态，且该状态一直持续至今。在此情况下，并结合《最高人民法院关于适用〈中华人民共和国公司法〉若干问题的规定（一）》（以下简称《公司法解释一》）的相关规定，本案适用《公司法解释二》并无不当。

案例 2

上海丰瑞投资咨询有限公司与上海汽车工业销售有限公司、扬州市机电设备总公司企业借贷纠纷案②

裁判要旨：法院认为，从法律、司法解释的规定、司法实务的现实以及避免当事人滥用连带责任规定的角度进行分析。在 2008 年，《公司法解释二》颁布实施前，我国并无关于清算义务人未履行清算义务应承担连带清偿责任的规定。本案被清算公司发生清算事由在 2001 年。

在当时，尽管《公司法》有关于清算义务的规定，但并没有关于未履行清算义务应承担何种责任的明确规定，故在司法实务中，对清算义务人追究法律责任的案例极少。虽然根据"补缺例外"的法无溯及力的除外原则，本案应适用

① （2015）一中民（商）终字第 2997 号。
② （2016）最高法民再 37 号。

《公司法解释二》的规定，但考虑到对于当事人期限利益的保护，让当事人根据法律事实出现多年之后才颁布实施的《公司法解释二》的规定承担连带清偿责任，有失公正，尤其是在清算义务人已尽其所能未能在强制执行程序中使自己对被清算主体的900万元债权得到清偿的情形下。

案例3

再审申请人太仓市金鑫铜管有限公司、王某与被申请人王某中、夏某标、张某国、董某股东损害公司债权人利益责任纠纷案①

裁判要旨：法院认为，关于本案是否适用法律错误的问题。金鑫公司、王某主张旭星公司股东不适当履行清算义务损害公司债权人的利益的行为发生在2006年10月30日，但《公司法解释二》于2008年5月19日才开始施行，故本案不应适用《公司法解释二》第十八条第一款之规定判令金鑫公司、王某因怠于履行清算义务而承担赔偿责任。

三个案例中法院对于《公司法解释二》第十八条是否具有溯及力作出了不同的解释，代表了实践中的几种观点：

1. 一种观点认为：在法定清算事由出现后，股东或实际控制人不履行清算义务或者怠于履行清算义务是一种持续的不作为行为，其行为持续至2005年《公司法》施行后，因此，可以适用2005年《公司法》及《公司法解释二》。案例1北京第一中级人民法院即持这种观点。

2. 一种观点认为：《公司法解释一》第二条规定："因公司法实施前有关民事行为或者事件发生纠纷起诉到人民法院的，如当时的法律法规和司法解释没有明确规定时，可以参照适用公司法的有关规定。"根据该规定，虽然债务人股东未履行清算义务的行为发生在2005年《公司法》实行之前，但由于之前的《公司法》并没有规定公司营业执照被吊销是公司解散的法定事由，因此，法院可以参照适用2005年《公司法》及《公司法解释二》的规定。案例2中最高人民

---

① （2016）最高法民申2676号。

法院判决即持此观点，认为适用“补缺例外”原则。

补缺例外就是指如果新法是在原来没有相关法律规定的基础上制定而弥补已有的立法空白的，新法公布后但未正式生效前的事件和行为起诉到人民法院的，或者正在审理过程中的案件可能适用到新法规定的新制度、新规则的，人民法院不得以没有规定不予受理或者无法律依据为由不予裁判。此时，人民法院应当适用或者参照适用新法。

3. 一种观点认为：《立法法》基本原则是法不溯及既往原则，新法对其生效以前的行为和事件不具有约束力。《公司法解释一》第一条规定：“公司法实施后，人民法院尚未审结的和新受理的民事案件，其民事行为或事件发生在公司法实施以前的，适用当时的法律法规和司法解释。”案例 3 中最高人民法院即认为《公司法解释二》不具有溯及既往的效力。

笔者认为，《立法法》第九十三条规定：“法律、行政法规、地方性法规、自治条例和单行条例、规章不溯及既往，但为了更好地保护公民、法人和其他组织的权利和利益而作的特别规定除外。”该条规定确立了法不溯及既往的一般原则，同时也规定了法不溯及既往的例外。因此，《公司法》及相关司法解释具有溯及既往的效力有一定法律依据。

但《公司法解释一》第二条规定的“可以参照适用”，而非必须参照适用，更未明确什么条件下可以参照适用，虽然前述三个案例对于《公司法解释二》是否具有溯及既往的效力的认定截然不同，但很难说哪个法院适用法律存在错误。

法律规定不够明确赋予法官过多自由裁量权，导致大量案件同案不同判。现在大部分判决书在网上公布，当事人及律师在网上可以查询到类似案例，法院同案不同判造成司法公信力丧失，当事人往往继续通过申请再审、抗诉及信访进行维权，造成司法资源的浪费。究其原因，还是法律规定不完善导致的，建议修改相关司法解释，统一裁判尺度。

（二）保险与信托

保险合同中的如实告知义务

保险、信托与租赁专业组　肖子琪律师

2014年8月，张某向某保险公司购买人寿保险，后张某因病住院并向保险公司提出理赔。保险公司称张某在签订保险合同时，故意隐瞒已患有十年高血压病史、十年中度脂肪肝病史等事实，张某未依法履行如实告知义务，保险公司有权解除保险合同并拒绝赔付。山东省青岛市中级人民法院于2017年2月23日作出终审判决，认定保险公司不承担赔偿责任。该案的关键问题在于投保人的“如实告知义务”，投保人张某因未如实告知保险公司其身体健康情况，最终未获赔偿。

我国保险业发展时间较短，加上保险的专业性，多数公众对保险业务的了解程度不够，部分投保人并不知道自己违反了“如实告知义务”以及违反该义务会产生何种后果，甚至某些投保人一味隐瞒事实真相以期能够获取高额赔偿。司法实践中，关于违反“如实告知义务”的纠纷时有发生，上述案例仅是其中之一，但也再一次提醒消费者“如实告知义务”的重要性。

一、如何定义“如实告知义务”

如实告知义务有狭义和广义之分。

狭义的告知义务是指保险合同订立时，投保人等向保险人披露有关保险标的重要情况，保险人基于投保人对保险标的情况的如实陈述，对危险进行正确的测定，掌握保险标的状况、保险利益的大小、危险程度的高低，并以此作为是否承保以及如何确定保险费率的基础性依据。

广义的告知义务既包括《保险法》第十六条规定的保险合同订立过程中所包含的告知义务，也包括《保险法》第五十二条规定的危险增加通知义务，以及我国《保险法》未规定的保单复效时投保方所负担的告知义务。

我国《保险法》第十六条规定的告知义务采用狭义的含义。

二、谁应该履行“如实告知义务”

1. 投保人

投保人是我国《保险法》明确规定的履行告知义务的主体，这一点在保险实务界和学术界均没有争议。《保险法》第十六条第一款规定：“订立保险合同，保险人就保险标的或者被保险人的有关情况提出询问的，投保人应当如实告知。”

2. 被保险人

我国《保险法》第十六条规定的主体仅有投保人；我国《海商法》没有区分投保人和被保险人，均采用被保险人的概念，第二百二十二条第一款规定：“合同订立前，被保险人应当将其所知道的或者在通常业务中应当知道的有关影响保险人据以确定保险费率或者确定是否同意承保的重要情况，如实告知保险人。”

被保险人与投保人系同一主体的情况下，履行如实告知义务的主体不存在争议，但是在投保人与被保险人不是同一主体的情形下，就被保险人是否承担如实告知义务，学术界颇有争议。

观点一 否定说：被保险人未直接加入保险合同订立的过程中，对合同的成立与生效知情与否不确定，如果让被保险人承担如实告知义务，可能使被保险人无故承担不属于他的责任；同时，被保险人不是保险合同的当事人，让不是合同当事人的人负担合同义务不符合合同的相对性原则。

观点二 肯定说：根据保险法上如实告知义务存在的目的，被保险人作为保险标的或者保险标的的权利人，最了解自身情况，有责任协助对于评估保险标的风险存在一定困难的保险人。

观点三 区别说：从法不禁止即自由的角度看，我国《海商法》中明确规定了被保险人的告知义务，因此在海上保险合同中被保险人负有该义务；而《保险法》中没有明确对被保险人作出要求，因此可认定在其他保险合同中被保险人无此义务。

笔者认为，一方面，《最高人民法院关于适用〈中华人民共和国保险法〉若干问题的解释（二）》（以下简称《保险法司法解释二》）将征求意见稿中的“投保人和被保险人不为同一人时，投保人的如实告知义务及于被保险人”删除，表明保险法及司法解释均未明确将被保险人纳入如实告知义务主体范围，要求被保险人承担该义务突破了法律规定；另一方面，如果排除被保险人，可能会存在被保险人通过他人代为投保从而规避如实告知义务的道德风险。基于上述情况，将投保人的如实告知义务作适当的扩张解释，要求投保人如实告知被保险人知道的或者应当知道的情况，也不失为一种解决方案。

三、如实告知义务的范围如何限定

1. 如实告知义务的范围以保险人询问的事项为限

我国《保险法》采用的是“询问告知主义”，即投保人的如实告知义务只是在保险人主动提出询问的情况下才负有。这里的询问既包括书面形式，也包括口头形式，保险实务中较为常用的形式之一为保险人向投保人提供书面的风险询问表。

2. 如实告知义务的范围以其知道和应知的内容为限

我国《保险法》没有明确规定告知义务的事项，《保险法司法解释二》规定投保人“明知的”情况属于告知义务范围，《海商法》第二百二十二条规定的告知义务范围为“知道的”和“应当知道的”情况。

“知道的”是指投保人或者被保险人实际知道的情况；“应当知道的”是指

投保人或者被保险人充分履行合理谨慎义务能够知悉的情况，并不苛求告知其经过合理查询仍未获知的重要情况或其准确性。

3. 如实告知义务的范围以影响风险评估的内容为限

保险法上告知义务的设立是为了解决保险合同中保险人、投保人、被保险人之间信息不对称，以便保险人判断承保风险大小并进一步决定是否承保以及保险费率。对投保人及被保险人来说，只有影响保险人决定是否承保及保险费高低的情况才是应当告知的与保险标的及保险标的的风险相关的重要事实。从这个角度来看，对于知道与否并不影响保险人判断保险标的风险的情况，应当免除投保人及被保险人的告知义务。

4. 违反如实告知义务的后果

我国《保险法》第十六条对违反如实告知义务的法律后果采用解除主义，而且根据投保人的主观意识的不同，在承担保险责任和退还保险费上作出了区别。

投保人故意不履行如实告知义务，《保险法》第十六条赋予保险人解除保险合同的权利，且保险人对保险合同解除前发生的保险事故不承担赔偿或者给付保险金的责任，同时也无须退还保险费。

投保人因重大过失未履行如实告知义务，对保险事故的发生有严重影响，保险人可以解除保险合同，对合同解除前发生的保险事故不承担赔偿和给付保险金的责任，但应当退还保险费。“重大过失”是指投保人违反了普遍的注意义务。

投保人疏忽或者无过失违反如实告知义务，《保险法》没有规定此种情形下的后果。笔者认为，此种情形下，直接解除合同对投保人来说过于严苛，而完全不追究投保人责任对保险人而言又不公平，因此可以考虑赋予保险人和投保人协商调整合同的权利，如增加保费。

保险合同是一种最大诚信合同，一方面保险人需要就保险合同中的专业术语、免除责任条款等履行“说明义务”，另一方面投保人或被保险人亦需要将保险标的的重要情况如实告知保险人。“如实告知义务”是投保人的法定义务，买保险时不可存在“投机心理”，否则可能“人财两空”。

“潜规则”将被打破？

——看刚性兑付的“前世今生”

保险、信托与租赁专业组 肖子琪律师

“刚性兑付”对普通公众来说是一个较为陌生的词汇，在金融领域特别是信托行业却是“关键词”“热点”，“打破刚性兑付”是近几年信托行业最为关注的话题之一。2017 年 11 月，中国人民银行发布《关于规范金融机构资产管理业务的指导意见（征求意见稿）》，其主要目的之一就是逐步打破刚性兑付。

一、“刚性兑付”的起源与存续

刚性兑付是指信托产品到期后，当信托计划出现不能如期兑付或兑付困难时，信托公司需要兜底处理，必须分配给投资者本金以及收益。从定义上看，刚性兑付对于投资者似乎颇有益处，能够确保其收回成本及投资收益，但该规则有法律依据吗？答案是没有。“一法三规”（即《信托法》《信托公司管理办法》《信托公司净资本管理办法》《信托公司集合资金信托计划管理办法》）为我国规制信托行业的法律法规，而“刚性兑付”非为这些法规所明确规定，只是信托业一个不成文的“潜规则”。

那我们不禁要问，既然没有法律法规明确规定，刚性兑付又缘何而来？

2001 年，中国人民银行发出《关于信托投资公司重新登记工作有关问题的通知》，一批信托公司获批开始营业。信托业的发展伴随着信托风险不断爆发，2005 年左右，在处理金新信托、庆泰信托、伊斯兰信托等事件的基础上，监管层逐渐形成了一种思路：对于出现问题的信托计划，要求信托公司根据委托人初始出资金额而非投资结果确定最后的兑付金额。① 监管部门要求所有的信托公司不允许一单业务出现风险，谁的产品不能到期偿付就停谁的业务。当时，信托公司牌照紧俏，各个信托公司为了业务不被叫停，不得不重视自己的兑付问题，刚性兑付由此从理论走向实践。

近年来，打破刚性兑付的呼声不断增强，刚性兑付再一次被提到了风口浪尖之上，它的存续成为人们关注的焦点。“凡存在必有道理”，在我国信托行业发展时间短，制度不完善的当下，刚性兑付规则在一定程度上维护了金融市场的稳定。信托产品相较于股票、证券等其他金融产品来说流通性差，转让过程比较烦琐，使得投资者无法根据自身资金需求、信托产品变化、金融市场波动等具体情况及时有效地转让信托份额以回收投资，信托公司凭借高收益、零风险的刚性投资规则来赢得投资者的青睐，在银行、证券等其他金融机构以及行业内其他经营者的双重竞争压力下，不敢轻易放弃或打破刚性兑付。

二、从法理看“打破刚性兑付”之必要性

1. 刚性兑付与信托相关法律法规等规范性文件相抵触

规范性文件	规定内容	确立原则
《信托法》	第三十四条：受托人以信托财产为限向受益人承担支付信托利益的义务。	信托公司对受益人以信托利益为限承担有限清偿责任。
《信托公司集合资金信托管理办法》	第十四条：信托公司管理信托财产应恪尽职守，履行诚实、信用、谨慎、有效管理的义务。信托公司依据本信托合同约定管理信托财产所产生的风险，由信托财产承担。信托公司因违背本信托合同、处理信托事务不当而造成信托财产损失的，由信托公司以固有财产赔偿；不足赔偿时，由投资者自担。	卖者尽责， 买者自负。

① 吴庸：《信托刚性兑付的起源、影响及治理》，载《东方早报》2012年8月。

根据现行法律法规以及银监会的相关规定，信托公司在受托过程中，恪尽职守，履行诚实、信用、谨慎、有效管理的义务，做到了“卖者尽责”，在非刚兑的情况下，即使信托产品发生偿付困难、信托财产价值减损，信托公司也不必以其固有财产补偿，而应“买者自负”投资盈亏。具体表现为：当未取得信托收益时，受托人可以不向受益人给付；当信托财产受损、信托终止时，将剩余信托财产交付给受益人即可。

但是在刚兑规则下，信托公司对投资人承诺保本保息，与现行法律法规明显相悖，有害于法律的权威性。投资者和信托公司之间属于投资关系，投资就会有风险，不存在绝对的盈利，遵循“卖者尽责，买者自负”。而刚性兑付使得信托带有了“借贷”色彩，违背了信托制度的本质。

2. **刚性兑付违背契约精神**

首先，信托公司可能不会在信托合同中明确承诺“刚性兑付”，即现实中的刚性兑付无法获得契约保护。

其次，即使信托合同中约定刚性兑付条款，但根据《合同法》的规定，违反法律、行政法规的强制性规定的合同无效，该条款极有可能因违反法律法规的规定而被法院判定为无效条款。发生信托本金损失纠纷时，投资者寻求法律救济将会遭受巨大阻碍。

最后，若信托合同双方发生了纠纷，作为第三方监管者并非合同当事人，不宜参与到合同纠纷中来，这也是契约精神的要求。但在信托实践中，一味实行刚性兑付，当信托产品可能出现兑付风险时，监管者有形或无形地干预了信托的兑付问题，违背了契约精神。

三、若“刚性兑付”被打破，投资者应如何应对?

打破刚性兑付，虽非短期内所能解决，但这是发展趋势，作为普通公众的投资者应该如何应对这一趋势?

打破刚性兑付意味着信托公司不再为投资者保本保收益，投资者需要建立

“盈亏自负”的投资理念，发生信托纠纷，应当积极寻求法律救济，最大限度地保护自己权利，同时面对五花八门的信托产品，要学会理性投资：（1）充分了解产品风险，与高收益对应的是高风险，谨慎选择产品交易对手、明确产品交易结构；（2）优先选择实力雄厚的信托公司和经验丰富、靠谱的客户经理；（3）选择信托产品主要依据产品本身，提高自身的专业水平与投资能力，不盲目信任客户经理。

（三）财务规划

民间委托理财合同中保底条款的法律效力

财务规划专业组　揭立霞律师

限于国内特有的金融环境及监管机制，中小企业从商业银行取得贷款一直颇为困难，但企业对资金的现实需求一直相当紧迫，进而催生了国内民间金融交易市场的火爆。一方面是企业对资金的“求财若渴”，另一方面是大量民间闲散资金持有者对高额利润回报的趋之若鹜，共同催生了民间委托理财业务的风生水起。但是，金融行业是一个高危行业。投资者在伴随获取高收益的同时，也面临着资金能否安全回收的风险。很多投资者因为对合同条款的审核不严或重视不够，最终导致约定收益无法兑现，甚至面临投资成本也难以收回的艰难境地。

委托理财，是指财产所有人作为委托方，以特定的条件，将资金或有价证券委托专业投资者代为管理；专业投资者作为受托方，在一定期间内自主管理和处分委托方的财产。受托人为了吸引投资者投资，同时投资者为了确保收回其投资，双方往往会在委托合同中设定保底条款，即允诺投资者的投资本金能够收回，并且约定一个固定收益率。这样似乎给了投资者一颗定心丸。然而，该有关保本及固定收益的条款，是否一定具有法律效力？实务处理标准并不统一。我们先看看以下几个案例：

序号	裁判文书编号	受理法院	判决结论及理由
1	（2015）湖民初字第7814号黄某森与徐某涵民间委托理财合同纠纷案	厦门市湖里区人民法院	结论：保底条款无效。 理由：《中华人民共和国证券法》第一百四十四条规定："证券公司不得以任何方式对客户证券买卖的收益或者赔偿证券买卖的损失作出承诺。"法律对特殊主体的特别规定对于一般主体亦具有参照作用，以法律对证券公司的禁止性规定引导自然人从事理财的民事行为，是基于举重明轻的民法解释原则。因此，《合作协议》约定，徐某涵承诺合作期满时保证返还本金，该保底条款违反了上述规定，有违公平原则，应认定无效。
2	（2015）闵民一（民）初字第5149号王某乙与卢某民间委托理财合同纠纷案	上海市闵行区人民法院	结论：名为委托理财，实为民间借贷，合同有效。 理由：若双方在委托合同中约定委托人将资产交由受托人投资管理，受托人无论盈亏均保证委托人获得固定本息回报，委托人缔约的目的和合同预期纯粹是追求资金的固定本息回报，对受托人管理资产的行为及收益后的分成并无预期，其合同性质名为理财，实为民间借贷。本案原告对于被告如何进行理财以及除每月5%的固定回报外的超额投资收益并无预期，故原、被告之间应属以委托理财为表现形式的民间借贷法律关系。
3	（2016）浙07民终2529号吴某英与施某、羊某芬民间委托理财合同纠纷案	金华市中级人民法院	结论：名为委托理财，实为民间借贷，合同有效。 理由：委托投资理财系委托合同关系，投资盈利、亏损的理财结果均应由委托人承受，受托人只是获取相应报酬。本案的实际情况是，投资理财无论获取盈利多少，吴某英只取得固定月利率2.58%的收益，而多出固定利率的收益由施某享有。因此，吴某英、施某之间实际上是以委托理财为名的民间借贷法律关系。
4	（2016）苏02民终1546号周某、厉某荣与孙某民间委托理财合同纠纷案	无锡市中级人民法院	结论：保底条款有效。 理由：双方之间的法律关系为民间委托理财合同关系而非民间借贷关系，理由是账户的所有权（包括资金、股票）仍然在委托人名下，委托人可以采取某种手段恢复全部控制权，故不符合以转移资金所有权为本质内容的借款关系的特征；双方十年间的委托理财模式均约定由周某对合作账户内的证券买卖和业务风险负完全责任，无论投资理财盈亏与否，均确保孙某的全部本金及固定收益，可见孙某在委托理财关系中是以不承担风险，保证收回投资本金并取得固定收益作为目的，故应按此原则进行分配。

续表

序号	裁判文书编号	受理法院	判决结论及理由
5	（2011）西民初字第1333号、（2012）一中民终字第3545号 孙某某与边某某民间委托理财合同纠纷	北京市西城区人民法院、北京市第一中级人民法院	结论：合同有效。 理由：边某某、孙某某之间签订的《个人委托理财（账户管理）协议》，系双方的真实意思表示，且未违反法律的强制性规定，该合同为有效合同。 北京市第一中级人民法院认定：保底条款无效。 理由：双方当事人签订的《个人委托理财（账户管理）协议》的性质属于金融类委托理财。金融类委托理财面向的是具有较高风险的期货、证券等金融市场，而双方签订的《个人委托理财（账户管理）协议》中有关投资保本以及支付固定收益的约定，具有保底条款的性质，该约定违背了民法的公平原则以及委托关系中责任承担的规则，亦违背了基本的经济规律和资本市场规则，应属无效约定。因保底条款系金融类委托理财合同的目的条款和核心条款，不能成为相对独立的合同无效部分，故保底条款无效应导致委托理财合同整体无效。
6	（2016）京03民终7328号 路某有与肖某华民间委托理财合同纠纷案	北京市第三中级人民法院	结论：保底条款有效。 理由：自然人之间委托理财保底条款系当事人在彼此之间设定权利、义务，该约定并未损害国家、集体及其他第三人的利益。法院应尊重其意思自治，不轻易打破合同的稳定性。 自然人之间的委托理财关系中，受托人并非处于劣势。与受托人相比，委托人在资源与信息占有两个方面的欠缺，才真正处于弱势地位。故自然人之间委托理财案件中保底条款并不存在显失公平的前提条件。 自然人之间设定保底条款还是正常商业风险投资承担的结果。投资股市会有高额利润，委托人与受托人均获利，并按合同约定分利。而股市低迷导致亏损，即推断保底条款显失公平，系将因股市周期性的涨跌引入合同的效力判断，使合同当事人权利义务失衡。另外，自然人之间保底条款有利于督促受托人勤勉敬业，防止道德风险，培养诚信交易。
7	（2016）京民申1565号 李某国与唐某民民间委托理财合同纠纷案	北京市高级人民法院	结论：保底条款无效。 理由：唐某民与李某国签订了委托理财的书面协议，但该协议中关于“理财亏损由李某国全部承担”的条款，具有保底条款的性质，违背了民法的公平原则以及委托关系中责任承担的规则，亦违背了基本的经济规律和资本市场规则，应属无效约定。

从上述案例的审理思路及判决结果来看，各法院所持观点相去甚远，给出的判决理由自然也是迥然不同。

“黄某森与徐某涵民间委托理财合同纠纷一案”，厦门市湖里区人民法院以“法律对特殊主体的特别规定对于一般主体亦具有参照作用”之理由，认为《证券法》对于证券公司等特定主体的管理禁止性规定可以参照适用于作为普通市场交易主体的一般主体。笔者认为，该法院参照适用本身就违反了特别法与一般法的立法精神，参照适用略显牵强。

而在王某乙与卢某民间委托理财合同纠纷案中，上海市闵行区人民法院给出了一条独辟蹊径的处理思路，认为双方之间是名为委托理财实为民间借贷的法律关系。金华市中级人民法院就“吴某英与施某、羊某芬民间委托理财合同纠纷案”作出的（2016）浙07民终2529号民事判决书，持同样的观点。这样的处理思路，既尊重了当事人的意思自治，避开了合同效力问题，也合理分配了交易各方责任承担，达到了定分止争的司法目标。当然，也必须承认，每个案件因发生缘由或产生背景不同，均有其案件本身的特殊性，并不是每一个委托理财案件均可成功地向民间借贷纠纷案转换。但是，笔者认为，人民法院对民法赋予民事主体的意思自治的权利不宜过度干涉。否则，可能因规则与原则的适用尺度不统一，让个体对行为准则的认知变得模糊而无所适从，可能引发更多的纠纷争议。

江苏省无锡市中级人民法院对“周某、厉某荣与孙某民间委托理财合同纠纷案”的处理也有亮点。法院在审理过程中，同样也考虑到本案是否应当适用民间借贷法律相关规定。法院通过对操作账户中的财产（包括资金、股票）所有权是否发生转移来判断双方为委托理财或民间借贷关系，即如果转移资金所有权则为借款关系，否则仍然为委托理财关系。最终因本案实际情况即账户资金及股票未发生所有权转移而认定本案仍然是委托理财合同纠纷而非民间借贷纠纷。在认定双方委托理财合同关系成立的情形之下，再对双方就保底条款的约定的效力进行认定。因“双方十年间的委托理财模式均约定由周某对合作账户内的证券买卖和业务风险负完全责任，无论投资理财盈亏与否，均确保孙某的全部本金及固定收益，可见孙某在委托理财关系中是以不承担风险，保证收回投资本金并取得固定收益作为目的，故应按此原则进行分配”。此时，法院没有直接认定合同中固定收益条款是否违反证券金融管理规则或公平原则，而是完全避开了该保底条款是否生效的问题。法院认为，双方之间事实上已经交易多年，已经形成固定的交易模式或交易习惯，且符合双方合同约定条款，因此，该交易模式及交易习惯应继续执行。借此也达到了默认保底条款具有法律效力的效果。本案法院的处理，一方面维护了当事各方的意思自治，另一方面也对民事主体依民法及合同法上关于交易习惯以及约定俗成的做法给予了肯定，维持了合同的稳定性。

最为尴尬的是，北京各级法院对保底条款的效力认定出现了完全混乱的局面。

北京市西城区人民法院完全适用民法上的意思自治原则，认定合同为双方自愿签订，是各方的真实意思表示，且不违反法律和行政法规的强制性规定，因此合法有效。北京市第一中级人民法院则认为，保底条款约定违背了民法的公平原则以及委托关系中责任承担的规则，亦违背了基本的经济规律和资本市场规则。因此，保底条款应认定无效。北京市高级人民法院则简单采取了与北京市第一中级人民法院完全一致的观点，没有任何说理部分。

然而，北京市第三中级人民法院并不这么认为，并且给出了充足的理由。

首先，自然人之间委托理财保底条款系当事人在彼此之间设定权利、义务，该约定并未损害国家、集体及其他第三人的利益。法院应尊重其意思自治，不轻易打破合同的稳定性。

其次，自然人之间的委托理财关系中，受托人并非处于劣势或没有经验。与受托人相比，由于委托人在资源与信息方面的欠缺，才真正处于弱势地位。故自然人之间委托理财案件中保底条款并不存在显失公平的前提条件。不仅如此，自然人之间设定的保底条款彰显了责、权、利的一致性。委托人专业知识匮乏，而合同约定由受托人全权负责，使受托人的独立意见和委托权限得到了极大地扩张，其享有较大权利时，根据权、责、利相一致原则，应当由其承担较大的责任。

最后，自然人之间设定保底条款还是正常商业风险投资承担的结果。当投资股市有高额利润时，委托人与受托人均获利，并按合同约定分利。此时，委托人按约定比例仅取得相对较低的固定收益，剩余大部分收益均归受托人所有；而一旦股市低迷导致亏损，即推断保底条款显失公平，系将因股市周期性的涨跌引入合同的效力判断，使合同当事人权利义务失衡。另外，自然人之间保底条款也为解决委托理财交易中的委托成本问题提供了一种刚性的约束，有利于督促受托人勤勉敬业，防止道德风险，培养诚信交易。基于以上原因，法院认定路某有与肖某华之间约定的保底条款有效。

笔者认为，北京市第三中级人民法院的观点和处理意见综合考虑了委托人承担资金使用成本、理财市场收益的不可预期以及当事人意思自治等因素，其作出的保底条款有效的认定更具合法性与合理性，也更符合市场交易规则，能更加有效地维护市场交易秩序和激发市场交易主体的主观能动性。相比较而言，北京市第一中级人民法院及北京市高级人民法院以保底条款的约定违背民法的公平原则以及委托关系中责任承担的规则，亦违背了基本的经济规律和资本市场规则，得出保底条款无效的结论，在我国《合同法》已经对合同无效的情形进行列举性规定的情形下，该无效结论只能说是基于法官的主观推定，说教成分明显，也没有明确的法律依据，显得苍白无力。

从目前全国各级人民法院对民间理财合同纠纷处理的情形来看，对民间理财合同中设定的固定收益条款或称保底条款的法律效力，还没有形成一个统一的认识。又因为各个独立的案件本身也还有其特有的背景，因此无法整齐划一地统一认定保底条款无效或有效，需视个案具体情形而定。但从民法原理及合同法的立法本意出发，笔者认为，法律不应过度干涉民事主体的意思自治行为，我们仍然需要遵行“法无禁止即可为”这样一种法律共识。即只要能够确认合同条款为双方当事人的真实意思表示，该合同条款约定也不存在《中华人民共和国合同法》第五十二条规定的合同无效的情形，就应认可其法律效力，且当事双方均应遵照执行。

父母将房产过户给子女，赠与或买卖的税费知多少？

财务规划专业组　揭立霞律师

父母过户房产给子女，一般采取两种方式：买卖或赠与。

不同的房产过户方式，所需缴纳的税费有所差异；二手房交易根据房产所在地区及房屋属性不同，在交易税费的征缴上也存在着一定的区别，不过总体上有契税、增值税（营改增之前为营业税）、个人所得税、印花税、城市维护建设与教育费附加费、产权登记费、评估费、测绘费等这几类税种。

但无论采取哪种交易过户方式，上述除前四类税费外的其他几类费用均保持不变，因此，后面这几种类型的费用标准本文不再展开讨论。本文将仅针对契税、增值税、个人所得税、印花税这四类税种在二手房买卖过户和赠与过户中的不同进行比较，从房屋面积、产权年限、房产套数等影响税费缴纳额度的几个方面入手，分析不同的房屋类型分别采取买卖和赠与进行过户的缴纳税费额度的差异。

让我们一起来了解一下关于二手房买卖过户和赠与过户税费缴纳的相关法律与政策规定。

一、契税

《中华人民共和国契税暂行条例》（以下简称《契税条例》）第一条规定："在中华人民共和国境内转移土地、房屋权属，承受的单位和个人为契税的纳税人，应当依照本条例的规定缴纳契税。"因此，只要是在我国境内发生了房屋权属的转移，均应缴纳契税，并且缴纳契税的主体为受让房屋权属一方。如果父母将房屋通过买卖或赠与的方式过户至子女名下，那么纳税人即为作为买入方或受赠人的子女。

契税如何收取以及收取额度怎样计算，《契税条例》第三条第一款规定："契税税率为3%—5%。"同时考虑到各地方地理位置和经济发展水平的差异，第三条第二款同时规定："契税的适用税率，由省、自治区、直辖市人民政府在前款规定的幅度内按照本地区的实际情况确定，并报财政部和国家税务总局备案。"即允许地方根据各自地理条件和实际情况，在前述规定的税率范围自行确定各自执行的税率。例如，《北京市契税管理规定》第五条即规定："契税税率为4%。"也即，一般情况下，契税税率均按4%的标准计算。

关于契税计税基础，《契税条例》第四条规定：买卖房屋的，契税的计税依据为房屋买卖的成交价格；赠与房屋的，由征收机关参照房屋买卖的市场价格核定。

为了促进房地产市场的健康发展，在房地产发展的不同时期，国家先后出台了一系列调控措施，包括对房地产交易的税收规则进行相应的调整。例如，《财政部、国家税务总局、住房和城乡建设部关于调整房地产交易环节契税个人所得税优惠政策的通知》（财税〔2010〕94号）规定："对个人购买普通住房，且该住房属于家庭（成员范围包括购房人、配偶以及未成年子女，下同）唯一住房的，减半征收契税。对个人购买90平方米及以下普通住房，且该住房属于家庭唯一住房的，减按1%税率征收契税。"之后，《财政部、国家税务总局、住房城乡建设部关于调整房地产交易环节契税营业税优惠政策的通知》（财税〔2016〕23号）对契税政策再次作出调整："通知指出，对个人购买家庭唯一住房（家庭成员范围包括购房人、配偶以及未成年子女，下同），面积为90平方米及以下的，减按1%的税率征收契税；面积为90平方米以上的，减按1.5%的税率征收契税。通知还指出，对个人购买家庭第二套改善性住房，面积为90平方米及以下的，减按1%的税率征收契税；面积为90平方米以上的，减按2%的税率征收契税。"但是，这次经调整的契税政策明确规定以上调整不适用于北京市、上海市、广州市、深圳市这四个一线城市，也即对于“北、上、广、深”这四个一线城市，仍然按上述财税〔2010〕94号文件执行。

对于个人无偿赠与房屋的，依据《国家税务总局关于加强房地产交易个人无偿赠与不动产税收管理有关问题的通知》（国税发〔2006〕144号）第一条第二款的规定，“对于个人无偿赠与不动产行为，应对受赠人全额征收契税”。因此，无论受赠人与赠与人为何种关系，均对受赠人按税率3%全额征收契税。那么，父母如将房屋赠与子女，需对受赠人（即子女）按税率3%全额征收契税。

二、增值税

《财政部、国家税务总局关于全面推开营业税改征增值税试点的通知》（财税〔2016〕36号）（以下简称《营改增通知》）规定：“经国务院批准，自2016年5月1日起，在全国范围内全面推开营业税改征增值税（以下称营改增）试点，建筑业、房地产业、金融业、生活服务业等全部营业税纳税人，纳入试点范围，由缴纳营业税改为缴纳增值税。”那么，自2016年5月1日起，进行房屋交易的，将不再征收营业税，而改为征收增值税。

与《营改增通知》同时实施的《营业税改征增值税试点实施办法》第一条规定：“在中华人民共和国境内（以下称境内）销售服务、无形资产或者不动产（以下称应税行为）的单位和个人，为增值税纳税人，应当按照本办法缴纳增值税，不缴纳营业税。”第十条规定：“销售服务、无形资产或者不动产，是指有偿提供服务、有偿转让无形资产或者不动产……”第十四条规定：“下列情形视同销售服务、无形资产或者不动产：……（二）单位或者个人向其他单位或者个人无偿转让无形资产或者不动产，但用于公益事业或者以社会公众为对象的除外……”由此，无论是房屋买卖还是房屋赠与行为，均需征收增值税，区别仅在于针对房屋买卖的行为将对出让人征收，针对房屋赠与的行为则对受赠人征收。

同样与《营改增通知》配套实施的《营业税改征增值税试点有关事项的规定》第五条规定，个人将购买不足2年的住房对外销售的，按照5%的征收率全额缴纳增值税；个人将购买2年以上（含2年）的住房对外销售的，免征增值税。上述政策适用于北京市、上海市、广州市和深圳市之外的地区。个人将购买不足2年的住房对外销售的，按照5%的征收率全额缴纳增值税；个人将购买2年以上（含2年）的非普通住房对外销售的，以销售收入减去购买住房价款后的差额按照5%的征收率缴纳增值税；个人将购买2年以上（含2年）的普通住房对外销售的，免征增值税。上述政策仅适用于北京市、上海市、广州市和深圳市。所以，父母将房屋通过买卖的方式过户给子女的，应按此规定缴纳增值税。

《财政部、国家税务总局关于个人金融商品买卖等营业税若干免税政策的通知》（财税〔2009〕111号）第二条规定："个人无偿赠与不动产、土地使用权，属于下列情形之一的，暂免征收营业税：……（二）无偿赠与配偶、父母、子女、祖父母、外祖父母、孙子女、外孙子女、兄弟姐妹……"因此，父母将房屋赠与子女的将免征增值税（也即原营业税）。

三、个人所得税

《个人所得税法》第二条规定："下列各项个人所得，应当缴纳个人所得税：……（八）财产转让所得……"第三条规定："个人所得税的税率：……（三）利息、股息、红利所得，财产租赁所得，财产转让所得和偶然所得，适用比例税率，税率为百分之二十。"第九条规定："个人所得税以所得人为纳税义务人，以支付所得的单位或者个人为扣缴义务人。"

《北京市地方税务局、北京市住房和城乡建设委员会关于进一步做好房地产市场调控工作有关税收问题的公告》（2013年第3号）第二条第（三）项规定："能够确定房屋原值和有关合理费用的，个人所得税税款以本次房屋交易价格减除房屋原值、转让住房过程中缴纳的税金和有关合理费用后的余额，按20%税率计算。纳税人不能提供房屋原值相应凭证，主管税务机关通过税收征管、房屋登记等信息系统也未能核实房屋原值的，个人所得税税款以本次房屋交易价格按核定征收率1%计算。"

由前述规定可知，一般情况下，对出售自有住房按规定应征收的个人所得税，通过税收征管、房屋登记等历史信息能核实房屋原值的，对出让人应依法严格按转让所得的20%计征个人所得税。对于不能核实确认房屋原值的，则以房屋交易价格按核定征收率1%计算。父母将房屋通过买卖过户给子女，个人所得税的缴纳应当执行此规定。

值得注意的是，《财政部、国家税务总局、建设部关于个人出售住房所得征收个人所得税有关问题的通知》（财税字〔1999〕278号）第一条规定："根据个人所得税法的规定，个人出售自有住房取得的所得应按照'财产转让所得'项目征收个人所得税"；以及第四条规定："对个人转让自用5年以上、并且是家庭唯一生活用房取得的所得，继续免征个人所得税。"也即，如果个人转让自用5年以上并且是家庭唯一生活用房的，则免征个人所得税。

关于房屋赠与行为的个人所得税的缴纳，《财政部、国家税务总局关于个人无偿受赠房屋有关个人所得税问题的通知》（财税〔2009〕78号）第一条规定："以下情形的房屋产权无偿赠与，对当事双方不征收个人所得税：（一）房屋产权所有人将房屋产权无偿赠与配偶、父母、子女、祖父母、外祖父母、孙子女、外孙子女、兄弟姐妹……"；第三条规定："除本通知第一条规定情形以外，房屋产权所有人将房屋产权无偿赠与他人的，受赠人因无偿受赠房屋取得的受赠所得，按照'经国务院财政部门确定征税的其他所得'项目缴纳个人所得税，税率为20%。"据此，父母将房屋赠与子女的，受赠人无须缴纳个人所得税。

四、印花税

《印花税暂行条例》第一条规定："在中华人民共和国境内书立、领受本条例所列举凭证的单位和个人，都是印花税的纳税义务人（以下简称纳税人），应当按照本条例规定缴纳印花税。"第二条规定："下列凭证为应纳税凭证：……（二）产权转移书据……"由此可知，一般情况下，只要发生房屋所有权转移的，对转移双方均应当征收印花税。根据印花税税目税率表的规定，对于产权转移的，印花税税率为转移书据所载金额的0.05%。《财政部、国家税务总局关于调整房地产交易环节税收政策的通知》（财税〔2008〕137号）第二条规定：“对个人销售或购买住房暂免征收印花税。”即对于房屋买卖的交易双方，现均免征印花税。但对于房屋赠与行为，却没有规定可以免征印花税。因房屋赠与行为也必将发生产权转移，那么根据《印花税暂行条例》的前述规定，对于房屋赠与的，需对赠与人与受赠人双方征收印花税。

最后，本文用下表对以上二手房交易过户所涉税收缴纳相关规定进行一个汇总。

税费种类	买卖过户	赠与过户	纳税人
契税	首套房：90m^2（含）以下1%；90m^2以上1.5%。	3%	买卖过户为买入方。赠与过户为受赠人。
	二套房：90m^2（含）以下1%；90m^2以上2%（北上广深除外）。		
	三套房及以上套数：3%。		
增值税	未满2年的住宅（北上广深指普通住宅）5%。	近亲属、具有抚养、赡养关系，免征；其他关系（视同买卖）：未满2年住宅按5%；满2年住宅，免征。	买卖过户为出让方。赠与过户为受赠人。
	2年以上（含）的住宅（北上广深指普通住宅），免征。		
个人所得税	房屋差价的20%或房价的1%；	近亲属、具有抚养、赡养关系，免征。其他关系（视同买卖）：房屋差价的20%或房价的1%。	买卖过户为出让方。赠与过户为受赠人。
	家庭唯一住宅，购买满5年，免征。		
印花税	免征	0.05%	赠与人与受赠人。

如上表所示，买卖和赠与两种方式在契税、增值税、个人所得税和印花税税费方面有些差别。如通过赠与方式过户，则契税、印花税更多；如通过买卖方式过户，则增值税（未满2年）、个人所得税更多。所以，要想计算哪种过户方式更省钱主要计算这四种税费。实际过户的时候，可以参照上述图表显示的税费缴纳情况进行比对计算，就能得出针对交易的目标房屋，究竟采取哪种过户方式能够节约税费成本。

房屋已售，户口未迁出，卖方要承担何种责任？

财务规划专业组　揭立霞律师

一、案情简介

2015年10月16日，李某与张某签订《北京市存量房屋买卖合同》，约定李某将其房屋出售给张某；李某应当在该房屋所有权转移之日起60日内办理完成原有户口迁出手续；如因李某自身原因未如期将与本房屋相关的户口迁出，应当向张某支付房屋总价款5%的违约金；逾期超过15日未迁出的，自逾期超过15日起，按日计算向张某支付全部已付款万分之五的违约金。

合同签订后，双方依约履行了合同，张某向李某支付了购房款，李某亦将房屋交付了张某。2016年1月21日，张某取得涉案房屋的不动产权证书，但案外人钱某、李某某的户口在涉案房屋内未迁出（钱某、李某某为李某的前儿媳及孙女）。

由此，张某将李某起诉至北京市西城区人民法院（以下简称一审法院），称李某未履行合同约定，给其造成隐形损失，要求判令李某继续履行迁出户口的合同义务，并承担违约责任即按约支付违约金。李某称双方约定的违约金过高，张某没有实际损失，房屋出售后，房款都让儿子拿走了，现在经济困难，无力支付违约金。

二、法院判决

一审法院认为，根据双方合同约定，李某应当在房屋所有权转移之日起60

日内办理完成原有户口迁出手续。目前，张某与李某已经完成涉案房屋权属转移登记手续，则依约定李某应将涉案房屋内原有户口迁出，但现涉案房屋内原有户口未迁出，李某已经构成违约，应当承担相应的违约责任。

法院认为，《房屋买卖合同》系双方当事人的真实意思表示，双方应严格依约履行各自的合同义务。李某在签订合同时知悉相关条款，就应尽合理之义务以促成合同条款的履行。虽涉案房屋内原有户口非属李某本人，但其未尽到合理审查义务，确保涉案房屋原有户口迁出，以使房屋符合交付的义务，其行为应属违约。结合本案的实际履行情况、李某的过错程度及张某的实际损失等，酌情判令李某给付张某违约金1万元。至于张某要求判令李某立即将李某相关家庭人员户口迁出案涉房屋的主张，因户口迁出属行政管理事项，不属于人民法院处理范围，张某的该项主张，法院不予支持。

三、案件评析

二手房买卖交易中，关于房屋所有权转移后，卖方及关联方户口是否应当迁出、如何迁出以及如果未迁出应承担什么法律后果，往往属于多发争议事项，一般涉及如下三个问题。

（一）卖方户口未迁出，是否构成违约

是否构成违约，需要就该行为在合同中有明确约定。二手房买卖，建议买卖双方在合同中明确卖方户口迁出的合同义务，以及违反该义务应承担的法律后果。如在合同中对户口迁出未作约定，一旦一方因户口是否迁出发生争议，法院可能以“不属于民事法律关系调整范围”为由而不予受理或驳回起诉。如果房屋买卖合同对于户口迁出有明确约定，在签订合同时，买方即应当注意或向卖方了解清楚该房屋除卖方外是否还存在其他近亲属的户口。在了解到户口迁出存在或可能存在障碍的情况下，合同的违约责任应当对此约定明确。

《合同法》第一百零七条规定：“当事人一方不履行合同义务或者履行合同义务不符合约定的，应当承担继续履行、采取补救措施或者赔偿损失等违约责

任。”买卖双方在房屋买卖合同中约定了卖方的户口迁出义务，双方即应当严格按照合同约定履行，尽合理之义务以促成合同条款的履行。虽然户口是否迁出，并不影响买方实际取得房屋所有权以及办理入住的权利，但考虑到生活习惯、隐私保护、财产安全以及房屋内存在案外人的户口对买方行使物权或再次转让构成一定的障碍，卖方理应对未依约迁出户口的行为承担违约责任。如果卖方拒不履行户口迁出义务，买方可依约向卖方主张违约责任。

（二）卖方户口未迁出构成违约，买方可主张哪些权利

买方可否向法院主张卖方迁出户口？例如，二手房买卖合同中，一方当事人（一般情况下为买方）因户口迁出问题提起诉讼，因户口迁出属行政管理事项，不属于法院处理范围。因此，一般不宜向法院主张请求判令卖方迁出户口；即使主张了，法院也因该事项不属于法院民事案件的受理范围，而对买方要求卖方将户口迁出的诉讼请求不予支持。

买方可否向法院主张解除房屋买卖合同？我国《合同法》第九十四条是关于合同法定解除的几种情形的规定：“有下列情形之一的，当事人可以解除合同：（一）因不可抗力致使不能实现合同目的；（二）在履行期限届满之前，当事人一方明确表示或者以自己的行为表明不履行主要债务；（三）当事人一方迟延履行主要债务，经催告后在合理期限内仍未履行；（四）当事人一方迟延履行债务或者有其他违约行为致使不能实现合同目的；（五）法律规定的其他情形。”

由前述规定可看出，当事人可以行使合同的法定解除权的前提是：发生了不可抗力致使不能实现合同目的；或一方不履行合同的主要债务；又或一方有其他违约行为致使不能实现合同目的。

即一方可行使合同的法定解除权的情形仅限于另一方不履行合同的主要债务或发生了致使合同目的不能实现之情形。由于户口是否迁出，并不会对房屋买卖以及房屋产权的转移造成障碍，房屋买卖合同可以继续履行，买方通过签订合同，最终目的是获得标的房屋的所有权。房屋完成交付并办理所有权转移登记手续后，房屋买卖合同的目的即已经实现。而户口迁出问题并不是房屋买卖合同的主合同义务，且双方之间就户口问题已经达成协议。卖方不履行户口迁出义务，并不构成对房屋买卖合同的根本违约，即不会导致不能实现房屋买卖合同目的的法律后果。

因此，买方以卖方户口未迁出为由主张解除合同，不属于我国《合同法》第九十四条规定之合同法定解除之情形，买方的诉请不能获得法院的支持。

卖方户口未迁出，买方可否向法院主张卖方支付违约金？如前所述，虽然买方不能以卖方户口未迁出而主张解除房屋买卖合同，但买方以卖方逾期迁出户口构成违约为由，要求卖方承担违约责任的诉请，仍然属于法院民事案件的受理范围。房屋买卖合同一般会约定卖方户口未迁出，需向买方支付一定的违约金。因为双方已经在房屋买卖合同中明确约定了卖方户口未迁出的行为属于违约行为，并明晰了相应的违约责任承担方式或法律后果，且该约定属于双方的真实意思表示，亦不违反法律的强制性规定，当属合法有效。买方依约向卖方主张支付违约金，法院应予支持。

（三）合同约定了违约金的计算方法，卖方是否必须依据合同约定支付违约金

《合同法》第一百一十四条第一款、第二款规定：“当事人可以约定一方违约时应当根据违约情况向对方支付一定数额的违约金，也可以约定因违约产生的损失赔偿额的计算方法。约定的违约金低于造成的损失的，当事人可以请求人民法院或者仲裁机构予以增加；约定的违约金过分高于造成的损失的，当事人可以请求人民法院或者仲裁机构予以适当减少。”

《最高人民法院关于适用〈中华人民共和国合同法〉若干问题的解释（二）》（法释〔2009〕5号）第二十九条规定：“当事人主张约定的违约金过高请求予以适当减少的，人民法院应当以实际损失为基础，兼顾合同的履行情况、当事人的过错程度以及预期利益等综合因素，根据公平原则和诚实信用原则予以衡量，并作出裁决。当事人约定的违约金超过造成损失的百分之三十的，一般可以认定为合同法第一百一十四条第二款规定的‘过分高于造成的损失’。”

由上述规定可知，我国合同法中规定的违约金系以赔偿非违约方的损失为主要功能，而非旨在严厉惩罚违约方，即违约金具有补偿性，以填补损失为目的。

本案中，张某已经取得房屋所有权，李某取得相应对价系房屋买卖合同之主要目的，李某已依约履行将房屋过户并交付给张某之主要合同义务，张某主要合同目的已经实现。根据我国法律规定，约定的违约金过分高于损失的，当事人可以请求法院予以适当减少，李某已于庭审中明确提出违约金过高之主张。张某现无证据证明涉案房屋涉及其重大利益影响的情形存在，法院结合本案合同的实际履行情况、李某的过错程度及张某的实际损失等，根据公平和诚实信用原则，酌情判定李某向张某一次性支付违约金 1 万元。

法院判定的违约金 1 万元，相较于依据李某与张某签订的房屋买卖合同约定的违约金的计算方法得出的违约金的数额，明显偏低，也即法院没有支持张某按合同约定收取违约金的主张，法官主要考虑的仍然是违约金的填补损失为目的的补偿性原则的适用。

四、结语

二手房买卖合同纠纷中，户口迁出问题属于多发争议事项。由于户口迁移的具体操作涉及有关户籍行政管理部门和户籍管理制度，会有很多交易双方无法预见的情况发生。为了顺利办理户口迁移，双方在订立合同阶段就应当充分了解交易房屋的户口现状，并进行充分的沟通和说明，以减少合同履行过程中的障碍。房屋买受人需要了解交易房屋的户口现状以便合理安排户口迁入事宜；房屋出卖人需要了解交易房屋的户口现状以便准确推断自己履行相关义务的难度。交易双方在签订房屋买卖合同时，应对卖方户口迁出的义务作出明确约定，一旦因户口迁出发生争议，买方可依据合同约定向卖方主张承担违约责任，但不能提出请求法院判令卖方立即迁出户口的诉讼请求。

（四）海商海事

海盗劫持船舶，支付赎金谁来承担？

海商海事专业组　曹子燕律师

海盗，早在《荷马史诗》中就有关于他们的记载，近几年《加勒比海盗》系列电影也是风靡全球，尽管电影纯属虚构，海盗却已在人类历史存在数百年。2012 年 3 月，阿曼籍台湾渔船“NAHAM3”遭索马里海盗劫持。经过长达 4 年的多方努力，2016 年 10 月 22 日，幸存的 26 名船员全部安全获救。近几年海盗活动猖獗已严重威胁到国际海运安全和全人类的共同利益，在海盗劫持船舶事件中，大部分以向海盗支付赎金而解决。

那么，由海盗劫持行为产生赎金的性质如何界定，赎金能否依法获得理赔等问题，至今国际未有相对统一的法律法规予以规制。笔者现从海商法视角对海盗赎金能否作为共同海损理赔进行粗浅分析。

海盗索取赎金是指在海上航程中，当船舶、货物、其他财产以及海上人命在遭遇海盗的控制和胁迫之时，由特定主体向海盗支付的用于赎回被控制的财产和人质的价金。[①] 共同海损是指载货运输的船舶在同一海上航程中遭遇自然灾害或意外事故或其他特殊情况，使航行中的船、货或其他有关财产的共同安全受到威胁，为了解除共同危险，维护各方的共同利益或使航程继续完成，船方有意识

---

① 傅廷中、徐昕：《海商法视角内的海盗强索赎金问题》，载《海商法年刊》2009 年第 6 期。

地、合理地采取抢救措施所直接造成的某些特殊的牺牲或支出的额外费用。①。笔者认为海盗索取的赎金应当列入共同海损。

海盗索取赎金符合共同海损的构成要件：

1. 船舶、货物及其他财产因海盗劫持面临共同危险

此处的共同危险是指，第一，在时间上船舶及货物和船舶上的其他财产处于同一海上航程中。如船舶遭遇海盗劫持，可预见的损失不仅包括船舶，亦包括船载货物及其他财产，其具有不可分割性。在船舶尚未得到解救时，以上财产都具有被毁灭的可能性。实践中海盗并不会去辨别船舶赎金和货物赎金，而是要求整体支付。

第二，危险的客观性。共同海损要求船舶和货物面临的危险必须是真实的。在船舶遭遇海盗劫持的情况下，真实的危险并非指海盗已损毁船舶及货物，或者伤害人身安全，而是当时船舶及货物的所有权人在事实上已丧失实际占有、支配的权利，被劫持的人亦处于失去人身自由的状态，故此可认定为丧失船舶和货物的风险是客观真实存在的。

2. 赎金的支付是有意且合理的行为

当船舶遭遇海盗劫持时，向海盗支付赎金是不得已而必须为之的救济措施。共同海损要求所实施的措施须是合理且有意的。海盗劫持船舶后提出赎金具有很大的随意性，但同时也是唯一的解救措施。人的生命是无价的，赎金的支付也是将损失降到最低的合理选择。

3. 支付的赎金是特殊的费用

海盗索取赎金，承运人和船东支付赎金显然已超出其法律义务，同时也是其避免财产损失的被迫举动。海盗劫持船舶属非正常事件，支付赎金自然也属意外情况，故此赎金应认定为正常交易外的特殊费用。

4. 支付赎金能够达到船货获救的效果

共同海损中，要求所采取的措施必须是有效果的。承运人和船东支付赎金解

---

① 吴焕宁：《海商法学》，法律出版社1996年版。

救了船舶、货物及海上人员，避免更大损失的发生。实践当中，赎金支付与释放船舶同时进行，即支付赎金产生船舶及人员获救的效果。

综上，支付海盗赎金的行为符合共同海损的构成要件具有共同海损的法律属性。但目前，我国《海商法》对海盗索取的赎金是否属共同海损范畴没有明确规定。

国际上有些国家关于对此问题已有清晰的界定。如《德国民法典》第706条规定："船舶被敌人或者海盗捕获的情况下，任何赎回船货的开支和赎回人质的开支均可以列入共同海损。"①《荷兰海商法》第699条也规定："为从敌人或者海盗手中索回或者赎回船舶或者货物而给予他们的任何东西，如果发生疑问，应该一律认为，赎金是为了船舶和货物的共同利益而付出的。"② 以上国家海商立法的相关经验或许值得借鉴。

① 王恩韶、许履刚：《共同海损》，大连海事大学出版社1996年版。
② 沈木珠：《海商法比较研究》，中国政法大学出版社1998年版。

海事赔偿责任限制的优先适用

——兼与船舶优先权的冲突

海商海事专业组　曹子燕律师

海事赔偿责任限制是在发生重大海损事故时，作为责任限制的权利主体，船舶所有人、经营人和承租人等可根据法律的规定，将自己的赔偿责任限制在一定范围内的法律制度。海事赔偿责任限制制度是海商法中区别于民法一般损害赔偿原则的一项特殊的法律制度。船舶优先权则是海事请求人依照法律的规定向债务人提出海事请求时，对产生该海事请求的船舶所享有的优先受偿的权利。

理论上，海事赔偿责任限制解决的是赔偿数额问题，而船舶优先权解决的是受偿顺序问题，从这个意义上说，二者在司法实践中本可以实现有机统一。但两者之间存在保护对象的明显对立，船舶优先权以发生海事请求的船舶作为清偿债务的担保物，保证海事请求人依法享有的权利得以实现，而海事赔偿责任限制的作用是减少或者控制海事责任人的责任。

我国《海商法》第三十条规定，船舶优先权的规定不影响本法关于海事赔偿责任限制规定的实施。两者同时适用的冲突在于，船舶优先权担保的海事请求面对海事责任人的责任限制权利时，是否仍享有优先地位，抑或只是与其他海事请求人并列在基金中平等、按比例受偿。

一、两种制度的交叉部分未规定具体的处理方式

船舶优先权担保的海事请求与海事赔偿责任限制制度界定的限制性海事请求

权，均包括船舶营运中产生的人身伤亡和因侵权行为导致的财产损害赔偿请求。在船舶优先权制度下，人身伤亡与财产赔偿请求属于两个不同的序列，并且在受偿顺序上有先后之分，其中人身伤亡索赔居于第二位，而财产损害赔偿则被列为第四位。但是在海事赔偿责任限制制度下，人身伤亡与财产损害索赔却被归于同一大类，且无受偿顺序之分。

（1）对于该两种海事赔偿请求，如果适用船舶优先权制度，人身伤亡索赔当然优先于财产损害赔偿请求，可以在拍卖船舶的价款中优先受偿。但是如果责任人以海事赔偿责任限制加以抗辩，并且为此设立了责任限制基金，人身伤亡赔偿请求从基金中受偿时还能否优先受偿，法律中并无明确规定。

（2）倘若在责任人设立了责任限制基金的情况下否定海事请求人在船舶优先权制度下享有的优先地位，就无异于以海事赔偿责任限制制度取代了船舶优先权制度。

二、海事赔偿责任限制制度的优先适用原则

海事赔偿责任限制优先适用原则是指在海事请求所涉及的不同法律关系中，当与海事赔偿责任限制法律制度发生冲突时，海事赔偿责任限制法律制度优先于其他海事法律制度适用。例如，在海事赔偿责任限制的权利主体依法设立了责任限制基金后，船舶优先权所担保的债权项目的债权人，向基金主张按船舶优先权的顺序优先从基金受偿。

《1993 年船舶优先权和抵押权国际公约》第十五条规定："本公约的任何规定不得影响规定责任限制的任何国际公约或使其生效的国内法律的适用。"《海商法》第三十条规定：船舶优先权的规定不影响海事赔偿责任限制的实施。

上述规定表明：

（1）海事请求系非限制性债权如船员工资、救助费用等，没有海事赔偿责任限制的法律制度适用的空间，船舶优先权是独立实施的，即通过扣押船舶、拍卖船舶、按船舶优先权的受偿顺序分配拍卖的船舶价款，直至对物程序结束，如

韩国 SEKWANG 船务公司申请设立海事赔偿责任限制基金二审案，环保局、东海渔监局以海损事故造成的海面污染检测及评估等行政干预费用，海事局以船舶碰撞后依职权采取应急处置强制措施承担的行政费用，不属于海事赔偿责任限制的范围为由，请求驳回申请人设立海事赔偿责任限制基金的申请。

（2）存在海事赔偿责任限制的限制性债权（包括船舶优先权担保的债权项目，在海事赔偿责任限制制度中也是限制性债权），责任限制的权利主体已经行使了该项权利，此时便发生了船舶优先权与海事赔偿责任限制的冲突。

“中国大地财产保险股份有限公司宁波分公司、厦门力鹏船运有限公司与中海发展股份有限公司货轮公司船舶碰撞损害责任纠纷”[1]二审民事判决书对于力鹏船运、宁波大地财险要求确认其享有船舶优先权的主张，原审法院认为：根据《海商法》第二十八条的规定，船舶优先权应当通过法院扣押产生优先权的船舶行使，根据该法第二百一十四条以及《最高人民法院关于审理海事赔偿责任限制相关纠纷案件的若干规定》第九条规定，责任人设立海事赔偿责任限制基金后，海事请求人不得以行使船舶优先权为由申请扣押船舶。中海货轮已就案涉事故设立海事赔偿责任限制基金，力鹏船运、宁波大地财险的限制性债权应当从该基金中受偿，不适用船舶优先权的规定，故应驳回该项诉讼请求。

根据上述规定，船舶优先权不得影响海事赔偿责任限制的实施，海事赔偿责任限制优先于船舶优先权适用。

三、法理径路

1. 物权法定原则

物权法定原则内在地规范物权的设立、取得、转让直至消灭均须依照法律的明确规定，也即，当事人不得自由创设物权，亦不得随意变更物权的种类、内容、公示方法。《海商法》第二十九条是关于优先权消灭的规定，其中第一款规定：“船舶优先权，除本法第二十六条规定的外，因下列原因之一而消灭：（一）具有船舶优先权的海事请求，自优先权产生之日起满一年不行使；（二）船舶经法院强制出售；（三）船舶灭失。”

据此，一方面，海事赔偿责任限制制度与船舶优先权同为海事制度，不具有否定船舶优先权的上位法权能；另一方面，海商法规定船舶优先权消灭的法定情形仅限于请求人怠于行使权利、发生海事请求的船舶经法院判决被拍卖以及船舶灭失。

2. 海事请求人的实体权利保障

无论是海事赔偿责任限制的国际公约还是我国海事法中的海事赔偿责任限制制度，都明确地将船舶优先权担保的某些海事请求确定为非限制性的海事请求，在现行的法律框架之内，受船舶优先权担保但不支持责任限制对抗的海事请求包括两方面：一是船员基于劳动合同提起的请求；二是海难救助人基于救助合同提起的救助报酬请求。

3. 对人诉讼（责任限制是对人的）程序取代对物的诉讼程序

法律界主流观点认为，基于对人诉讼（责任限制是对人的）程序取代对物的诉讼程序，船舶优先权法律制度被海事赔偿责任限制法律制度所取代，船舶优先权所担保的债权如果同时也是海事赔偿责任限制的限制性债权（如人身伤亡），则该债权人不得以船舶优先权为由向海事赔偿责任限制权利主体主张权利，只能以海事赔偿责任限制的限制性债权的名义向海事赔偿责任限制权利主体主张权利，从而体现海事赔偿责任限制优先适用原则。

四、结论

海事赔偿责任限制在外部关系上体现优先适用原则，即船舶优先权、船舶碰撞以及船舶扣押制度等都不影响海事赔偿责任限制的优先适用；海事赔偿责任限制在内部关系上体现优先适用原则，除并行于海事赔偿责任限制的责任限制制度外，所有其他责任限制制度，要么受制于海事赔偿责任限制，要么共享海事赔偿责任限制的限额。海事赔偿责任限制优先适用原则体现的是其立法价值取向，除法定责任限制权利丧失外，海事赔偿责任限制既不受其他法律制度的影响，也不得随意创设责任限制权利丧失的条件，从而使责任主体的风险控制在可控范围内，达到保护海事赔偿责任限制的权利主体的立法目的。

参考文献：

[1] 司玉琢：《海商法》，法律出版社 2007 年版。

[2] 交通部国际合作司：《国际海事条约汇编（第六卷）》，大连海事大学出版社 1994 年版。

[3] 邓丽娟、王大荣：《海事赔偿责任限制抗辩权论》，载《中国海商法年刊》2005 年第 1 期。

[4] 汪朝清：《海事赔偿责任限制制度若干问题研究》，载《海事审判研究》2008 年第 1 期。

[5] 方懿：《论我国海事赔偿责任限制制度适用模式》，载刘年夫主编：《中国海事审判年刊》，法律出版社 2010 年版，第 98 页。

[6] 福建省高级人民法院（2014）闽民终字第 1103 号。

三

重点关注行业

（一）房地产与建设工程

如果房价暴跌，你该怎么办？

房地产与建设工程、基础设施建设专业组　张建徽律师

中央经济工作会议强调："房子是用来住的、不是用来炒的"，很多人预期在国家加强房地产市场调控的情况下，房价可能会下跌。我们不妨大胆设想一下，如果房价"暴跌"会怎么样？会发生什么纠纷，当事人又应该如何应对呢？

如果房价暴跌，我们首先想到的是，卖房的想赶紧卖，买房的想先不买。其他的问题也很可能会发生，如已经贷款买房的，会断供房贷；买涨不买跌，房子卖不出去，房企将还不上银行贷款；房价跌则地价跌，地方政府土地财政不能继续，土地卖不出去，则地方债务将违约；银行坏账飙升；房企破产，员工失业；国家将实行宽松货币政策，印钞机超负荷工作，货币贬值；大批刚买新房的购房者围堵售楼处要求退房；等等。

我们今天主要来分析一下房屋买卖合同纠纷，其他的问题主要是经济领域，就留给国家的经济专家去讨论分析。

为便于分析，我们假设这样一个案例：甲乙签订了购房合同，约定甲将自己的房屋以200万元的价格卖给乙，首付20%，剩余房款通过银行贷款支付。合同签订后，乙向甲支付了40万元首付款（含先期定金5万元），这时房价开始下跌，该房屋市场价下降到120万元。这时，甲心里开始得意：幸亏卖得早啊，否则损失大几十万元，但是心里还是有点不太踏实，毕竟乙只交了5万元的定金和35万元的首付，他要是反悔的话这事还有点麻烦了。而乙则开始后悔：为啥不

再忍一忍呢？同样的房子现在可以少花几十万元呢。不过还好，购房款大部分还没有给，得跟甲商量商量，让他便宜点。接下来乙就开始跟甲协商：

乙：你看，你这个房子一共200万元，同样的房子，现在只要120万元了，你是不是把总价给我再便宜点？

甲：说话要算话，咱合同都签好了，就得按照合同办事，200万元一分不能少。

乙：同样的房子，我买你的，多花大几十万元啊！

甲：那你怨谁，当初你别签字啊！

乙：没商量了？

甲：没商量，不给钱我就上法院。

双方不欢而散。后又经多次协商，依然不能达成一致意见。同时，房价下跌趋势越发猛烈，案涉房屋市场价已经下跌到80万元，银行对于房屋抵押贷款的额度也已经收紧，案涉房屋已经无法申请到160万元的贷款。而乙则越发坚定了不再继续支付房款的决心。后来甲向法院起诉要求乙继续履行合同，支付剩余房款，而乙则要求降低房款总价。

因为是虚构的案例，所以没有法院的判决。我们主要分析以下几个问题：（1）双方约定以银行贷款的方式支付剩余房款，但是银行已经不再发放贷款，该约定内容应该如何履行？

对于剩余房款的支付方式，在申请银行贷款已经实际不能的情况下，我们认为这属于因不可归责于双方当事人的原因导致合同难以履行，可以由双方协议变更；协商不成的，可以解除购房合同，双方不负违约责任。

（2）对于双方约定的房价，乙是否可以要求降低，此类纠纷大量发生时，如何判决有利于稳定经济大局？

由于房价大幅下跌，依照原来约定的房价履行合同将对乙明显不公，如果乙主张降低房价，法院可以依据情势变更原则酌情对房价予以降低。

这个问题涉及民法上的“情势变更”制度，是我们今天要重点说明的。所谓情势变更，是指合同签订后，客观情况发生了变化，这种变化动摇了合同的基础，如果继续按照原合同履行将对一方当事人明显不公平，在这种情况下，可以允许当事人对合同予以变更或者解除。该制度在民法理论上早已存在，但是在我国法律中一直没有明文规定，直到2009年5月13日，最高人民法院颁布施行《关于适用〈中华人民共和国合同法〉若干问题的解释（二）》（法释〔2009〕5号），该解释第二十六条（以下简称二十六条）规定：“合同成立以后客观情况发生了当事人在订立合同时无法预见的、非不可抗力造成的不属于商业风险的重大变化，继续履行合同对于一方当事人明显不公平或者不能实现合同目的，当事人请求人民法院变更或者解除合同的，人民法院应当根据公平原则，并结合案件的实际情况确定是否变更或者解除。”该司法解释的颁布，在我国法律体系中正式确立了情势变更制度。

情势变更制度是民法学上的一个重要制度，“情势变更制度赋予法院以直接干预合同关系的‘公平裁判权’，使法律能够适应社会经济情况的变化，更好地协调当事人之间的利益冲突，维护经济流转的正常秩序。因此，情势变更制度已经成为当代债法最重要的法律原则之一”。①

适用情势变更应当符合以下几个条件：（1）客观情况发生了变化且这种变化的程度动摇了合同的基础；（2）这种变化是合同当事人在签订合同时所不能预见的，也不属于商业风险；（3）继续履行合同将对一方当事人明显不公。

对照本案，客观情况发生了变化：房价大幅下跌，已经动摇了合同的基础，继续履行合同将对乙明显不公。但是说这种变化是合同当事人在签订合同时所不能预见的，略显牵强，因为房价一般不会一直不变，一定幅度内的涨跌均属于市场的正常现象。但是在全国房价均大幅下跌的情况下，我们认为可以对二十六条

① 梁慧星主编：《中国民法经济法诸问题》，中国法制出版社1999年版，第170页。

进行扩大解释，对房价的大幅下跌认定为当事人在签订合同时所不能预见的也不属于商业风险的变化，适用情势变更原则，支持当事人要求降低房价的请求。理由如下：

1. 在房价大幅下跌的情况下，办理银行贷款支付房款已经现实不能（房屋价值缩水，银行贷款并不足以支付剩余房款），而购房者一般也无能力自己支付剩余房款，即使判决当事人按照原合同履行，也将产生判决无法执行的情况，导致法院判决在一定程度上成为空文，无法实现判决内容，还降低了法院判决的权威性。

反之，如果对当事人一方提出的降低房屋总价的请求予以支持，则使购房合同回归到了公平交易的范围内。降低总价后，剩余应付购房款减少，使得当事人办理房屋抵押贷款成为可能，有利于合同的继续履行，甚至有利于缓解因房价下跌产生的经济危机。

2. 如果房价暴跌，则可能引发经济危机，居民收入减少，如果判决合同继续履行，售房者将可以申请对购房者除维持基本生活以外的财产予以强制执行，在收入减少的情况下又被强制执行其他财产，对购房者无疑是雪上加霜。而此类案件在房价大幅下跌的情况下会大量产生，如果判决合同继续履行将可能影响社会稳定。

综上，如果全国房价大幅下跌，经济危机显现，对于房屋买卖合同纠纷，我们认为可以适用情势变更原则，对当事人变更或者解除合同的请求予以支持。

希望本文对于大家有所帮助，如果真的出现房价暴跌的情况，也能为法院审理类似案件提供一种思路。最后，还是希望房价和中国经济能够平稳着陆。

房屋买卖合同中约定了高额违约金，怎么破?

房地产与建设工程、基础设施专业组　张建徽律师

在房屋买卖合同中，常有如下关于违约金的约定：违约金的数额为合同总价的20%。按照现在的北京房价，一套房屋的价格动辄几百万元甚至上千万元，如此计算，违约金的数额可能达到上百万元。

这种高额违约金的约定是否合法有效？如果违约，是否真的就要承担这么多的违约金？违约方又应该如何抗辩呢？今天我们就来分析一下这些问题。

一、约定有效，但是违约方可以请求人民法院减少违约金数额

《合同法》第一百一十四条规定："当事人可以约定一方违约时应当根据违约情况向对方支付一定数额的违约金，也可以约定因违约产生的损失赔偿额的计算方法。约定的违约金低于造成的损失的，当事人可以请求人民法院或者仲裁机构予以增加；约定的违约金过分高于造成的损失的，当事人可以请求人民法院或者仲裁机构予以适当减少。当事人就迟延履行约定违约金的，违约方支付违约金后，还应当履行债务。"

也就是说，违约金的数额由当事人自由约定，约定高额违约金并不违反相关法律的规定，约定有效，但是违约金与实际损失相差过高的，可以请求人民法院予以调整（以下均以法院诉讼进行说明，仲裁同理）。

这样规定的理由在于：合同法虽然尊重当事人意志，以合同自由为基本原则，但是合同自由要受到公平正义原则的制约，如果过分强调合同自由，无论当事人约定何种金额的违约金，一律予以支持，那么违约金就成了一方压榨另一方

并获取暴利的工具，这与民法的公平正义原则相悖。“违约金的数额与违约损失的数额应当大体一致，这是商品交换等价原则的要求在法律上的反映，是合同正义的内容之一，是合同法追求的理想之一。”①

二、如果真的违约，要综合考虑守约方损失、合同履行情况、违约方过错程度和守约方预期利益等因素来确定适当的违约金，一般不需完全按照约定的过高数额支付

要确定符合案件具体情况的违约金数额，关键在于确定《合同法》第一百一十四条第二款规定的“过分高于造成的损失”的具体标准。

《最高人民法院关于适用〈中华人民共和国合同法〉若干问题的解释（二）》（以下简称《合同法司法解释二》）第二十九条规定：“当事人主张约定的违约金过高请求予以适当减少的，人民法院应当以实际损失为基础，兼顾合同的履行情况、当事人的过错程度以及预期利益等综合因素，根据公平原则和诚实信用原则予以衡量，并作出裁决。当事人约定的违约金超过造成损失的百分之三十的，一般可以认定为合同法第一百一十四条第二款规定的‘过分高于造成的损失’。”

对于这条规定的理解应当把握以下两点：

1. 调整违约金，应当综合考虑实际损失、合同履行情况、当事人过错程度和预期利益等因素，不宜简单武断。

首先，从文义上理解，《合同法》第一百一十四条第二款中，“违约造成的损失”是本条法律规定中最为明确的衡量标准，判断违约金是否过高，应当以此为基础。

其次，一个履行接近完成的合同和一个刚刚开始履行的合同，违约行为对守约方造成的影响显然不同，所以合同履行情况也应作为重要的因素予以考虑。

再次，违约金既有补偿性质也有惩罚性质，具体哪部分占的比例大，主要看

① 韩世远：《合同法总论》，法律出版社2008年版，第592页。

当事人的过错程度。所以，当事人的过错程度理应成为需要考虑的重要因素之一。

最后，《合同法》第一百一十三条规定了预期利益损失的赔偿问题，预期利益也应该成为需要考虑的重要因素。人民法院调整违约金时，要综合考虑前述因素，最终确定适当的违约金。

2. “百分之三十”的规定是辅助性适用标准，法律实务中适用该规定时应当分清主次，避免本末倒置机械适用。

该条司法解释第二款规定了超过损失的百分之三十的，一般可以认定为过分高于造成的损失。这一规定可以防止法官滥用自由裁量权，统一司法尺度。但是在适用于具体案件时，如果全部按照这个比例“一刀切”，则过于简单粗暴，非常可能在个案中造成不公。在具体案件中，应当以前款规定的综合考虑为主，以“百分之三十”的规定比例为辅，秉承公平原则和诚实信用原则，最终确定违约金数额，而不能生搬硬套机械适用。

三、在诉讼过程中，违约方应当明确提出减少违约金的请求

一般认为，在诉讼过程中，人民法院不能依职权主动减少违约金数额，只能依当事人的申请进行。如果当事人在诉讼中未提出请求，则视为放弃了此项权利。所以，在诉讼过程中，违约方应当明确提出减少过高违约金的请求。

需要注意的一个问题是，在违约方认为自己没有违约时，也应当对约定过高的违约金提出减少请求，表示方式可为：即便违约成立，约定的违约金也过高，应当予以减少。如果违约方仅主张没有违约而不请求减少违约金数额，一旦相关主张未被采纳，就失去了请求减少过高违约金的机会。

综上，如果在购房合同中约定了高额违约金，违约方可以在诉讼过程中请求人民法院予以减少，由人民法院综合考虑案件具体情况后确定适当的数额。另外，需要说明的是，对于房地产开发企业在房屋销售合同中需要承担的违约责任，应当优先适用《最高人民法院关于审理商品房买卖合同纠纷案件适用法律若干问题的解释》，该解释没有规定的，才可适用前述《合同法》第一百一十四条以及《合同法司法解释二》等相关规定。

“借名买房”靠谱吗?

房地产与建设工程、基础设施专业组　刘雅纯律师

“借名买房”是指借名人与出名人达成合意，由借名人实际出资而以出名人名义买房并登记的行为。从定义可以看出，“借名买房”包括两个不同的法律行为，一个是借名买房协议的合同行为，为一个是房屋登记的物权行为，因此借名人想要取得房屋的所有权，实现借名买房协议的目的，应当确定两点：(1) 借名买房协议是否有效?(2) 借名登记的房屋是否能够过户?

一、借名买房协议的效力

《中华人民共和国合同法》(以下简称《合同法》) 第五十二条规定有下列情形之一的，合同无效：

(一) 一方以欺诈、胁迫的手段订立合同，损害国家利益；

(二) 恶意串通，损害国家、集体或者第三人利益；

(三) 以合法形式掩盖非法目的；

(四) 损害社会公共利益；

(五) 违反法律、行政法规的强制性规定。

具体到借名买房协议，一般不存在上述法条第 (一) 项至第 (三) 项规定的情形，而且限购政策多体现为地方性规范文件，其效力层级低于法律和行政法规，因此不能仅仅因为违反限购政策，而认定借名买房协议无效，也就是说借名买房合同不属于《合同法》第五十二条的第 (五) 项。判断借名买房协议是否有效，主要根据《合同法》第五十二条第 (四) 项，即如果借名买房的合同行

为损害了社会公共利益，则合同无效，反之，则合同有效。

商品房的限购政策主要是为了平抑房价，保障居民住房，遏制房产泡沫的产生。借名购买商品房的行为虽然违反了政府的限购政策，但是如果借名人是为了自己居住，只是因为没有购房资格，而借用他人名义，则并不违反社会公共利益，有些借名买房人虽然在签订借名买房协议的时候不具备购房资格，但是在案件审理过程中取得了购房资格，实践中，法院基本都认可了上述情况下借名买房协议有效。如果借名人存在囤积居奇，炒高房价的情形，则明显违背社会公共利益，不能认定为合同有效。

政策房包括两种情形：

第一种情形是国家为了保障低收入居民的住房权益，只允许符合特定条件购房者购买的经济适用房、限价商品房。

政策房的投放明显带有社会公益性质，如果允许不符合购买条件的人借名购买，则将严重损害低收入者的购房权益，造成社会的不公平，而对于出名人来说，如果同意借名人利用出名人的名义购买保障房，则将使其他符合条件的购房者失去一次宝贵的购房机会，如果出名人从中获益，则是利用公共资源牟利，无论出于何种目的，采用何种手段，只要是借名购买经济适用房、限价商品房等保障性住房，都属于违背社会公共利益，其借名买房协议应属无效，除非经济适用房已经具备上市交易条件，房屋性质发生变化。

相关法律、法规明确支持上述观点：《北京市高级人民法院关于审理房屋买卖合同纠纷案件适用法律若干问题的指导意见（试行）》（以下简称《指导意见》）第六条第一款“相关政策、法规规定的限制上市交易期限内买卖已购经济适用住房，当事人主张买卖合同无效的，可予支持。政策、法规有新规定的，适用其规定”。第二款“出卖人转让的经济适用住房的原购房合同系 2008 年 4 月 11 日（含）之前签订，当事人又在转让该已购房屋的合同中约定在限制上市交易期限届满后再办理房屋所有权转移登记或在一审法庭辩论终结前该房屋已具备上市交易条件的，可以认定合同有效”。

《北京市高级人民法院关于审理房屋买卖合同纠纷案件若干疑难问题的会议纪要》第十条规定，“借名买房的认定和处理：借名人以出名人（登记人）为被告提起诉讼，要求确认房屋归其所有的，法院应当向其释明，告知其可以提起合同之诉，要求出名人为其办理房屋过户登记手续。《北京市高级人民法院关于审理房屋买卖合同纠纷案件适用法律若干问题的指导意见（试行）》第16条规定中的政策性保障住房包括经济适用住房、两限房等保障中低收入家庭住房困难的房屋。借名人要求办理房屋过户登记手续，经审查借名购买的经济适用住房的原购房合同系2008年4月11日（含）之前签订的，可以参照前述指导意见第6条第2款的规定处理。”

第二种情形是借名购买回迁安置房屋、旧村改造安置房屋，上述房屋安置政策并不涉及公共利益，是出名人对自身权利的让渡，因此，借名购买上述房屋的协议有效。

二、借名登记的房屋物权变动

根据《中华人民共和国物权法》第六条的规定，“不动产物权的设立、变更、转让和消灭，应当依照法律规定登记。动产物权的设立和转让，应当依照法律规定交付”。出名人在法律上被推定为房屋的所有人，这与借名人实际出资购买房屋作为房屋所有人的事实冲突。在借名买房协议有效的前提下，借名人应尽快与出名人完成过户手续，以尽快消除这种冲突，通过向法院提交充分证据来获得法院支持。实践中，法院一般要求借名人提供借名购房书面合同（合同中不仅包括借名买房的内容，还需要有取得房产证后变更登记的约定）、实际支付房款的证据、实际占有使用房屋的证据等，如果借名买房协议中不含有变更房屋登记的约定，则很难获得法院的支持。

如果借名人不具备购房资格，虽然借名买房协议有效，但是法院一般不支持过户请求，因为根据《合同法》第一百一十条“当事人一方不履行非金钱债务或者履行非金钱债务不符合约定的，对方可以要求履行，但有下列情形之一的除外：（一）法律上或者事实上不能履行……”，北京市高级人民法院对此已有明确态度，《北京市高级人民法院民一庭关于妥善处理涉及住房限购政策的房屋买卖合同纠纷案件若干问题的会议纪要》第九条规定，“（规避住房限购政策的借名买房合同的处理原则）因住房限购政策的限制，当事人约定一方以他人名义购买房屋，并将房屋登记在他人名下，借名人以其系实际买受人为由，要求确认房屋归其所有或办理房屋过户登记的，不予支持；借名人因自身条件变化或政策发生调整等原因符合住房限购政策的，可以判决登记人为其办理房屋过户登记手续”。

我国立法并未承认物权行为的无因性，因此作为原因行为的债权合同无效时，当事人并不能经登记取得物权。也就是说，如果借名买房协议被确认为无效，则借名人要求出名人进行房屋过户的要求就不能得到支持。

《北京市高级人民法院关于审理房屋买卖合同纠纷案件适用法律若干问题的指导意见（试行）》第十六条规定中的政策性保障住房包括经济适用住房、两限房等保障中低收入家庭住房困难的房屋。借名人要求办理房屋过户登记手续，经审查借名购买的经济适用住房的原购房合同系 2008 年 4 月 11 日（含）之前签订的，可以参照《指导意见》第六条第二款的规定处理。

三、借名人需要承担其他风险

借名人除了需要承担看上述“借名买房协议无效”以及“借名买房无法过户”的风险之外，还需要承担其他风险：

1. 出名人将购买的房屋出卖给第三人。由于他人的信赖利益受到保护，在此情况下，借名人只能向出名人主张经济损失。

2. 出名人离婚时，其配偶可能对房屋主张作为夫妻共同财产予以分割。

3. 出名人因不能清偿自身债务，债权人有可能申请强制执行房屋。

4. 如出名人死亡，其继承人有可能主张继承该房屋。

经过上述分析，可以看出，在当前房地产限购政策的大背景下，借名买房的借名人很多时候不仅不能获得房屋的所有权，反而掉进无底洞，遭受重大损失。

二手房买卖合同中不可不约的“迁出户口”违约金

房地产与建设工程、基础设施专业组　刘雅纯律师

房地产的发展与“户口”一直有着千丝万缕的联系。从最早的“买房落户”到如今的根据户口“限购”，还有那些让人爱恨交织的“学区房”。正因如此，购房人在选择房屋的时候，往往会考虑房屋背后与“户口”有关的利益。但是，在合同的签署和履行过程中，买房人主要关注的还是卖房人是否按时交付房屋以及配合办理房产证等主要合同义务，卖房人按时迁出户口的义务则容易被忽略。

根据《中华人民共和国合同法》（以下简称《合同法》）及房地产相关法律法规，卖房人不履行交付房屋的义务，买房人可以通过诉讼的方式最终获得房屋的所有权并获得赔偿，而“迁出户口”却不属于人民法院的受理范围，在卖房人不迁出户口没有给买房人造成实际损失的情况下，买房人无法获得赔偿。

一、二手房交易中，买房人对卖房人不迁出户口没有诉权

1. 公安机关和卖房人是户口登记许可的两方当事人，买房人既不是具体行政行为的相对人，也不是行政诉讼法意义上具有诉权的第三人，因此，买房人不具有起诉卖房人迁出户口的诉权

我国户籍制度依据的法律主要是1958年1月9日颁布实施的《中华人民共和国户口登记条例》，其中第三条规定“户口登记工作，由各级公安机关主管”。第五条规定，“户口登记以户为单位。同主管人共同居住一处的立为一户，以主

管人为户主。单身居住的自立一户，以本人为户主。居住在机关、团体、学校、企业、事业等单位内部和公共宿舍的户口共立一户或者分别立户。户主负责按照本条例的规定申报户口登记”。第十条第一款规定：“公民迁出本户口管辖区，由本人或者户主在迁出前向户口登记机关申报迁出登记，领取迁移证件，注销户口。”

根据以上规定，户籍登记是行政确认行为，主管部门是各级公安机关，申请户口迁入迁出的权利人是户主或是本人。

依据《中华人民共和国行政诉讼法》第十二条、《最高人民法院关于执行中华人民共和国行政诉讼法若干问题的解释》第一条关于人民法院受理公民、法人或者其他组织提起行政诉讼案件范围的规定和《中华人民共和国行政诉讼法》第二十九条、《最高人民法院关于执行中华人民共和国行政诉讼法若干问题的解释》第十三条关于行政诉讼参加人资格的规定，买房人与卖房人户口迁入迁出这一具体行政行为没有利害关系，不属于行政诉讼法意义上的适格原告或适格第三人，对这一行政确认行为没有诉权。而且公安机关的户籍登记行为本身是合法的，不存在被撤销的可能性。

2. 卖房人迁出户口可能存在法律上的障碍

保障公民户口依法登记，避免无户口人员的出现是户籍制度的重要原则。为了避免公民办理户口迁出后无法办理迁入，各地公安机关制定了相应的规范性文件。以北京市为例，《北京市公安局关于印发派出所办理常住户口登记工作规范（试行）的通知》第三条规定，“办理户口迁往市外登记须出具下列证件证明到其户口所在地派出所办理：……（五）其他原因迁往市外的须持迁入地公安机关开具的《准予迁入证明》……”

根据上述规定，除非卖房人的户口有其他迁入地，否则卖房人无法办理户口迁出。而办理户口迁入也有硬性要求，根据《北京市公安局关于印发派出所办理常住户口登记工作规范（试行）的通知》第四条“办理市内迁入，实行‘一地办结’（取消市内户口迁移证），须出具下列证件证明到其户口迁入地派出所办理：……（三）迁入人与户内成员亲属关系证明（如结婚证、独生子女证、出生证等）。（四）新立户的，非农业人口须出具北京市房屋产权证明或公有住房租赁合同原件和复印件；单位自管房须出具单位出具的《住房分配通知单》及复印件；无房产证明要求入户的，须出具购房发票或银行贷款购房合同及房管、物业部门出具的居住证明及以上证明的复印件；农业人口须出具村委会同意立户证明……”迁入户口需要取得与卖房人存在亲属关系的户主同意，或者卖房人另有可居住的房屋（且该房屋为卖房人购买的住房或租赁的公有住房）。

结合以上规定，在卖房人没有亲属同意其办理户口迁入且卖房人又没有其他符合规定的房产可以居住的情况下，卖房人将户口从已售房屋中迁出存在法律上的障碍。而这种障碍不能够通过诉讼的方式得以消除。

3. 户籍管理以一房一户为原则，分户管理为例外

根据《中华人民共和国户口登记条例》第四条第二款的规定，“城市、水上和设有公安派出所的镇，应当每户发给一本户口簿。”按照北京市的相关规定：“分户指公民因生活或居住条件发生变化，由一户分为数户的户口登记。分户的基本条件是实际住房有两个以上自然间，且单独生活。单元楼房的分户仅限于离婚分户，筒子楼的分户按平房分户办理。自建房等违章建筑不予分户。”由于卖房人不迁出户口而导致买房人无法迁入户口的，并不属于规定办理分户的情形。但是，各地公安部门考虑社会生活的现实和买房人、卖房人双方存在实际困难，往往对分户条件放宽处理，在卖房人户口未迁出的情况下，也允许买房人的户口迁入。但是一房一户仍然是户籍管理原则，是否同意分户，仍然由公安机关根据具体情况决定。

综上，卖房人不迁出户口既有其主观上不愿迁出户口的情况，也存在事实上无法迁出的法律障碍，无论出于何种原因，买房人都不能够通过诉讼的方式请求人民法院判决卖房人迁出户口，而买房人的户口是否能够迁入房屋，要视当地公安机关的具体规定而定，具有不确定性。

二、房屋买卖合同对卖房人不迁户口的情形未约定违约金，买房人难以获得赔偿

1. 买房人难以举证因卖房人不迁出户口给自己造成的实际损失

《合同法》第一百一十三条第一款规定："当事人一方不履行合同义务或者履行合同义务不符合约定，给对方造成损失的，损失赔偿额应当相当于因违约所造成的损失，包括合同履行后可以获得的利益，但不得超过违反合同一方订立合同时预见到或者应当预见到的因违反合同可能造成的损失。"

根据以上规定，买房人对因卖房人不迁出户口给自己造成的损失负有举证责任。但是"户口利益"难以量化，且因户口产生的利益并不是持续的、恒定的，要求买房人对损失是否可预见进行举证更是难上加难。以儿童入学为例，儿童入学一般以户口所在地划分学区，就近入学。这种入学划片的方式是很多买房人决定购买片内房屋的决定因素。

但是当卖房人不迁出户口，导致买房人无法将孩子户口迁入，而不能按照入学政策进入理想学校的时候，其损失却很难举证。首先，就近入学是主要的入学方式，但并不是绝对的和唯一的；其次，房屋的主要用途是居住，卖房人交付房屋即履行了主要义务；最后，即便法院认可卖房人不迁出户口给买房人造成了损失，而这种损失也难以用金钱来衡量。

2. 法院对"不迁户口"违约金数额具有自由裁量权

《合同法》第一百一十四条第二款规定："约定的违约金低于造成的损失的，当事人可以请求人民法院或者仲裁机构予以增加；约定的违约金过分高于造成的损失的，当事人可以请求人民法院或者仲裁机构予以适当减少。"

《合同法司法解释二》第二十九条规定："当事人主张约定的违约金过高请求予以适当减少的，人民法院应当以实际损失为基础，兼顾合同的履行情况、当事人的过错程度以及预期利益等综合因素，根据公平原则和诚实信用原则予以衡量，并作出裁决。当事人约定的违约金超过造成损失的百分之三十的，一般可以

认定为合同法第一百一十四条第二款规定的‘过分高于造成的损失’。”

上述规定体现了损害赔偿法的“禁止得利”原则，认为违约金主要以损害赔偿为目的。虽然法律界有很多人对此存有质疑，认为对违约金的调整违背当事人意思自治，使当事人通过违约金向对方施加压力使其履行合同的意思无法实现，但实践中，在买卖双方约定了“迁出户口”违约金的情况下，人民法院会根据上述法律规定，依据自由裁量权，确定违约金的最终数额。

目前法院调整违约金数额主要考虑以下几个方面：

（1）卖房人是否存在主观恶意，能够将户口迁出却拒不配合办理；

（2）如卖方人存在无法落户而不能迁出户口的情况，该情况是否是在其签订房屋买卖合同时即客观存在；

（3）卖房人是否刻意隐瞒了户口情况；

（4）在存在客观原因无法将户口迁出的情况下，卖房人是否积极办理了相关事宜；

（5）买房人是否能将户口迁入；

（6）买房人是否因卖房人拒不迁出户口造成了重大损失；

（7）买房人是否按照约定履行了全部合同义务；

（8）买房人对卖房人迁出户口存在客观困难的情况是否是明知的。

综上，卖房人“迁出户口”看似二手房买卖中的小问题，但是由于“户籍”本身会影响到我们的入学、就业、就医等重大利益，因此，卖房人是否“迁出户口”对买房人来说十分重要。

鉴于“户籍”问题不属于民事法律调整的范围，无法通过提起民事诉讼的方式请求法院作出判决，强制卖房人迁出户口，在二手房买卖合同中将“迁出户口”约定为卖房人的重要义务，并设定违约金，才能在卖房人违约的情况下，请求法院判决其承担违约责任，得到相应的赔偿。又因为在法律规定违约金过高或过低的情况下，法院可以对违约金的数额行使自由裁量权，因此，为了更好地维护自身利益，买房人宜与卖房人签订略高的违约金，以免出现违约金过低的情况。

（二）电子商务与信息保护

大数据需要橡皮擦吗？

——“被遗忘权”初探

信息保护和网络安全专业组　徐丹璐律师

互联网时代，数据即信息，每天海量信息不知疲倦、数以亿计地涌现着。在方便生活工作的同时，Cookie 等带来的个人信息泄露和被滥用的隐忧也困扰着许多人。近日，借贷宝事件充斥媒体，《南方都市报》记者亦曝光仅需 700 元就能买到同事行踪，包括乘机、开房、上网等 11 项记录，定位甚至可以精确到经纬度，京东 12G 用户数据泄露等，无不显示出互联网和大数据的破坏力。每一个个体在这样的庞然大物面前都显得渺小不堪，那么究竟是否有途径使我们免于个人信息和隐私安全被侵犯的恐惧呢？正是大数据的迅速膨胀和带来的种种负面影响，催生了“被遗忘权”。

“被遗忘权”是从英文“right to be forgotten”翻译而来，对象是互联网络上的种种信息，这种权利究竟从何而来又是否会在中国落地生根呢？本文试着进行一些浅显的分析和介绍。

一、“被遗忘权”源起

伴随着个人信息和隐私安全出现问题的频率增高，“被遗忘权”这一舶来概念进入中国学者和媒体的视野。“被遗忘权”究竟从哪里来呢？

从立法角度看，欧盟是世界范围内最早从立法上对公民的被遗忘权进行保护的。

自 1995 年开始，欧盟议会与理事会陆续通过了关于个人数据处理与保护的一系列指令。

2012 年 1 月 25 日，欧盟委员会公布了《关于涉及个人数据处理的个人保护以及此类数据自由流动的第 2012/72、73 号草案》（即《一般数据保护条例》草案，Draft of General Data Protection Regulation，以下简称 GDPR 草案）。GDPR 草案在第十七条第九款首次对被遗忘权进行了明确规定。

从司法实践角度看，2014 年谷歌与西班牙公民冈萨雷斯的纠纷案件则提供了一个行使“被遗忘权”的公开范本。

2010 年 2 月，冈萨雷斯联系谷歌西班牙分部，请求他们删除一则披露其财产被强制拍卖和个人信息公告的链接，谷歌西班牙分部将该请求转交给了位于美国加州的谷歌总部。冈萨雷斯又向西班牙数据保护局（APED）投诉，要求刊载公告的《先锋报》删除相关信息、谷歌西班牙分部或谷歌公司必须删除相关数据链接。2010 年 7 月 30 日，西班牙数据保护局驳回了他针对报纸提交的诉求，但支持他对谷歌西班牙分部和谷歌公司的诉求。谷歌西班牙分部和谷歌公司随后分别向西班牙国立高等法院提起诉讼，该法院在将两个诉讼合并后，提交给欧盟法院审理，欧盟法院判决认为谷歌作为搜索引擎运营商，应被视为 GDPR 草案中的数据控制者，对其处理的第三方发布的带有个人数据的网页信息负有责任，并有义务将其消除。这也是第一例通过法院判决确认对被遗忘权进行保护的案例，确立了个人可以通过被遗忘权得到对个人信息和数据的保护，甚至要求数据控制者删除互联网上的某些数据。

除欧盟外，包括巴西、阿根廷、美国、韩国等世界上许多国家都确立了与被遗忘权有关的立法，或者产生了相关判例。然而，关于什么是被遗忘权，仍然没有统一的定义。然而可以明确的是，被遗忘权是指在特定条件下，信息的主体拥有的可以请求信息控制者对其所控制的属于该信息主题的个人信息进行删除，以确保第三人无法再获知或者利用上述信息的权利。

二、“被遗忘权”在中国

1. 司法实践——“国内被遗忘权第一案”

2016 年 5 月，北京市第一中级人民法院审结的一起与“被遗忘权”相关的案例，法院及相关媒体均以“国内被遗忘权第一案”进行宣传和报道。

因为前任东家“名声不好”，任某将某网络服务公司告上法庭，要求删除与前任东家相关的搜索关键词和链接，认为某网络服务公司在搜索页面中公开其与某氏教育有关的个人信息侵犯了其名誉权、姓名权及作为一般人格权的“被遗忘权”，并要求赔礼道歉，赔偿经济损失。

法院经审理认为，相关搜索词系由过去一定时期内使用频率较高且与当前搜索词相关联的词条统计而由搜索引擎自动生成的，并非由某网络服务公司人为干预形成。某网络服务公司在“相关搜索”中推荐涉诉词条的行为，明显不存在对任某进行侮辱、诽谤等侵权行为。任某在本案中主张的“被遗忘”（删除）信息的利益与任某具有直接的利益相关性，但是其对这部分网络上个人信息的利益指向并不能归入我国现有类型化的人格权保护范畴，只能从“一般人格权”的角度寻求保护，但是由于任某主张的该利益不具有正当性和受法律保护的必要性，不应成为侵权保护的正当法益，故判决驳回了任某的全部诉讼请求。

从案件判决中可以看出，虽然名为“国内被遗忘权第一案”，然而却有些名不副实。一是当事人关于被遗忘权的请求没有得到法院支持，对于被遗忘权的构成要件、保护标准、具体含义也没有作出明确的界定；二是法官最终审理的落脚点在“人格权”，“被遗忘权”显然难以归入人格权的范畴。

2. 立法实践

2016 年 11 月 17 日，全国人大常委会表决通过了《网络安全法》，并将于明年起正式实行。该法第四章“网络信息安全”中第四十三条规定，个人发现网络运营者违反法律、行政法规的规定或者双方的约定收集、使用其个人信息的，有权要求网络运营者删除其个人信息；发现网络运营者收集、存储的其个人信息有错误的，有权要求网络运营者予以更正。网络运营者应当采取措施予以删除或者更正。

从法条字面含义来看，前述规定已经初具“被遗忘权”保护的雏形，也有学者认为借由此法，我国已经确立了对被遗忘权的保护。但如果在词条规定的框架下思考前述冈萨雷斯的案例，我们会发现，尽管强制拍卖活动早都已经结束，但《先锋报》刊载的信息是真实的、应当向社会公众公开的，没有违反法律、行政法规的规定，冈萨雷斯的主张很难得到中国法院支持。因而，《网络安全法》的第四十三条仅仅是我国立法机构为了解决现实中网络运营者非法利用网络工具获取公民个人隐私信息并以营利为目的使用等问题而出台的对策，距离“被遗忘权”的确立和保护还有一定的距离。

在《网络安全法》颁布之前，我国现行法律法规体系中，与被遗忘权相近的就是《侵权责任法》第三十六条中有关“通知—删除”的规定，网络用户利用网络服务实施侵权行为的，被侵权人有权通知网络服务提供者采取删除、屏蔽、断开链接等必要措施。网络服务提供者接到通知后未及时采取必要措施的，对损害的扩大部分与该网络用户承担连带责任。

这条规定的“通知—删除”是针对网络用户利用网络服务实施侵权行为的情形，而被遗忘权在行使的过程中，不一定存在侵权行为，只是在现在的时间点，信息权利人针对过去某一时间点公开的真实的但现在已经失效的信息，有权要求媒体或者搜索引擎予以删除，免于为第三人所知。二者的相似之处仅在于“通知”“删除”这两个动作，在权利基础等方面则迥然不同，不能混为一谈。

自从欧盟法院作出谷歌与西班牙公民冈萨雷斯案件的判决后，欧洲用户可以向谷歌申请，隐藏搜索结果中的不当内容。判决生效后，仅 2014 年 5 月 30 日，谷歌就收到了超过 12000 份要求其从搜索引擎中删除个人申请的请求，截至 2016 年 2 月 11 日共收到近 38.6 万个要求。不难想象，如果“国内被遗忘权第一案”中法院支持了任某的请求，要求网络服务公司删除相关链接，那么国内的网络服务公司亦将被删除请求所淹没。

无论是被遗忘权，还是我国新颁布的《网络安全法》的相关规定，其目的之一都是在大数据时代对个人信息和隐私安全进行保护，然而权利的边界和保护的方式都需要慎重考虑和确定，对个人信息和隐私安全的过度保护很有可能侵犯言论自由和减损互联网带来的益处。被遗忘权就像大数据时代的橡皮擦，可以抹掉过去的错误痕迹，然而是否有必要使用这样的橡皮擦或者怎样使用得更好，都需要在立法和司法实践中继续探索。

参考文献：

1. 蔡雄山：《网络世界里如何被遗忘——欧盟网络环境下个人数据保护最新进展及对网络的启示》，载《网络法律评论》2012 年第 2 期。

2. 张立翘：《被遗忘权制度框架及引入中国的可行性》，载《互联网金融与法律》2015 年第 2 期。

3. 薛亚君：《数字时代个人信息的被遗忘权》，载《情报理论与实践》2015 年第 4 期。

4. "Removal of Google personal information could become work intensive". Europe News. Net. Retrieved 2 June 2014.

为什么“扫一扫”钱就没了？

——解析二维码诈骗的秘密

信息网络与电子商务专业组　王姣姣律师

“沾衣欲湿杏花雨，吹面不寒杨柳风”，在这个草长莺飞、万花竞开的季节里，空气中本应是花香，是鸟鸣，是潺潺流水的诗情，是好友踏青的画意。可是，如此良辰美景，二维码支付市场却并未迎来春暖花开，依旧处于寒冬，二维码支付以其方便快捷的交易模式迅速占领市场，深受广大消费者和商家的青睐，只需扫一扫，支付便完成，但是二维码支付在为大家带来便利的同时也引发了一系列风险，小编通过案例研究与新闻报道作出如下总结，希望能对广大二维码支付人群的钱包起到一定的预防风险的作用。

一、二维码支付的含义

二维码，指利用一定规律分布的黑白图形来记录信息的平面几何数据记录模式，为便于计算机兼容这些信息，使用了与计算机二进制相对应的编码机制，故解码时需要通过专门的扫描设备识读这些图形来自动处理信息。

“二维码支付是一种基于账户体系搭建起来的新一代无线支付方案。”在该支付方案下，销售方可将商品或服务的品种、价格、交易链接等信息汇编成一个二维码，发布到各种线下载体；用户通过手机等移动设备扫描二维码，识别预设的数据而启动相应支付流程，将达成交易及支付的相关指令通过电子方式传递至第三方支付账户或金融机构，从而完成资金的转移和结算。这种支付模式中，二维码本身与网络并不联通，仅当被扫描和识别时才进行相关网络的登录和操作，开始支付流程，整个过程实际是通过扫描二维码的方式把原有的线下支付转换为线上支付。

二、线下二维码支付的法律关系

从表面上看，线下二维码支付过程中，第三方支付不直接参与交易，很多人因此认为第三方支付仅仅作为一种支付工具存在。但事实上，第三方支付基本上都通过服务协议与买卖双方约定了相关权利、义务，并在交易过程中提供相应的服务，而服务内容的不同，产生了不同的法律关系：

第一种是居间合同关系。线下二维码支付过程中，订单的订立、合同的生效均离不开第三方支付，第三方支付虽然未实质介入交易过程，但为双方提供交易机会和传达交易的意思表示，实际上提供了居间服务。因此，即使第三方支付并未就此收取居间佣金，仍然应认定存在居间合同关系。

第二种是保管和委托法律关系。第三方支付根据约定代收买方支付的款项，并将款项支付给买方指定的第三方，该行为应构成了委托合同法律关系。另外，买方存于虚拟账户的款项，在未按指令转移时，由第三方支付进行保管，此时买方与第三方支付之间构成保管合同法律关系。事实上，《非银行支付办法》已经作了明确规定，要求第三方支付告知客户该笔资金属于委托保管性质，说明这种保管合同关系得到了法律上的确认。

第三种是担保法律关系。当买方付款后，第三方支付向买方保证如期交付货物，同时对卖方保证发货前已经代为收取了买方的货款，对交易双方提供信用保证。因此，买卖双方与第三方支付之间还产生了担保法律关系。

三、二维码支付的法律风险

根据《消费者权益保护法》第十八条规定，“经营者应当保证其提供的商品或者服务符合保障人身、财产安全的要求”。二维码和二维码扫码客户端（手机银行等）均由商业银行提供，对于保障二维码安全商业银行责无旁贷。除了技术风险以外，商业银行面临的法律风险点主要表现在：

（一）商户或第三方侵权风险

从目前技术水平来看，部分商业银行的二维码扫描客户端不具备识别外来二维码的能力，既能识别商业银行提供的二维码，也能读取外部二维码信息；且二维码长期置放在商户经营场所，如商户或第三方恶意更换二维码导致用户损失，商业银行和商户可能因未尽安保义务而被课以赔偿或补偿之责。虽事后有权向侵权人追偿，仍可能不足以弥补商业银行和商户的经济损失及声誉损失。

（二）用户过错风险

由于二维码表现形式的抽象性，用户在扫码前难以分辨真伪，对用户注意义务的要求更为有限，相应对经营者安全保障义务的要求将更加严格。一旦发生因用户误操作造成损失的情况，商业银行较难以用户未尽注意义务为由，请求减轻或免除商业银行责任。

四、二维码支付法律合规风险防控措施

考虑到二维码支付与特约商户、线上支付有共通之处，实践中商业银行可参照类似业务的监管规定，通过协商确定有法律效力的契约规范，厘清责任、划分边界，增强风险防控系数。

（一）防范政策合规风险

2014 年 3 月，央行在《中国人民银行支付结算司关于暂停支付宝公司线下条码（二维码）支付等业务意见的函》中提到，商业银行、支付机构在推出创新产品与服务时，应至少提前 30 日履行业务报备义务。根据该意见要求，商业银行在二维码支付业务实际开办前须做好与相关监管部门的报备沟通工作，防范政策合规风险。

（二）加强商户准入审核

对于商户准入条件，《银行卡收单业务管理办法》确立了“了解你的客户”

原则，要求收单机构严格审核商户资质。二维码支付与银行卡收单具有共通性，商业银行可比照该办法，从以下几个方面进行商户资质审查：一是确保所发展的二维码合作商户是依法成立、从事合法经营活动的商户；二是对商户实行实名制管理，严格审核营业执照等证明文件，商户为自然人的应审核其有效身份证件；三是根据商户经营财务状况、商户及其法定代表人或负责人的征信状况合理判断信用风险。

（三）细化安全保障责任划分

根据《消费者权益保护法》第十八条的规定，经营者应当保证其提供的商品或者服务符合保障人身、财产安全的要求。二维码是由商业银行提供给商户使用的收款信息，其真实性和安全性应由商业银行和商户共同负责。

综上，愿大家提高警惕，安全享受二维码支付为我们带来的便利，也愿相关立法能早日完善，使二维码支付早日迎来“面朝大海，春暖花开”！

你了解 Cookies 吗？

信息保护和网络安全专业组　徐丹璐律师

Cookies 从英文直译过来是“小甜饼”“饼干”的意思，然而在电脑/互联网术语中却没这么简单。早在 2013 年央视的 3·15 晚会中，就曾披露过多家互联网广告营销公司涉嫌通过 Cookies 等方式，侵犯用户的个人隐私信息，当时着实引发一阵全民删除 Cookies 的潮流，然而 5 年过去了，我们能否安心地使用 Cookies 呢？

本文拟简要介绍 Cookies 的来龙去脉以及国内外个人数据立法保护现状，期待多少引起正在阅读文章的你的重视，为互联网使用安全度的提升作出一点点力所能及的帮助。

一、Cookies 的前生今世

Cookies 是网站通过浏览器等存储在电脑或者移动设备上的数据信息，能够帮助网站长时间地“记住”或者保留你访问该网站的具体行为或者个人偏好。

网站开发者的本意是通过 Cookies 来识别不同的访问者、记录用户的个人偏好、减少用户多次访问网站时需要重复录入信息的困扰，可见其初衷偏向于提升网站访问者的使用体验。

随着互联网信息技术开始覆盖和影响生活的方方面面，人们对互联网的使用也因为性格、年龄、学历、生活习惯偏好等的不同而呈现出多样化的趋势，网站开发者通过 Cookies 收集的信息，可以对使用者的个人行为偏好或者习惯等进行记录和分析，进而有针对性地进行广告投放，使得广告偏向于展示与使用者浏览习惯相关的产品，从而增加访问率和点击量。

也就是说，Cookies 成为我们日常所说的“大数据”的触角，除了传统的浏览器对用户名、地址等简单信息的记录，越来越多的移动应用开发者通过记录和分析人们的日常使用习惯和浏览记录，实现了分析用户行为、提升使用体验的目的。所谓鱼和熊掌不可兼得，在我们享受大数据带来的便利时，也必须让渡部分个人隐私，并承担该部分信息披露可能带来的风险。

二、欧盟对个人互联网隐私的立法保护

欧盟自 20 世纪 90 年代开始就试图通过立法来对个人数据进行保护，于 1995 年通过了《数据保护指令》，全名为 *Proposal for a Council Directive Concerning the Protection of Individuals in Relation to the Processing of Personal Data*，为个人数据的保护设立了最低的标准。

然而在 1995 年，互联网还没有对人们的日常生活产生如今天一般深刻的影响，因而前述指令的保护仅仅限定在基础信息，目的也是确保用户个人信息的准确度。进入 20 世纪后，随着互联网的普及，网络用户的需求已经拓展到控制个人数据/信息的获取渠道及适用范围等，故 2002 年欧盟通过《隐私与电子通讯指令》，全名为 *Directive on Privacy and Electronic Communications*，规定了网络服务提供商需征得用户同意后再收集和使用用户个人信息，确定了互联网时代个人信息保护的基本原则，但并未落实到操作层面。

2009 年 11 月，欧盟通过了《欧洲 Cookie 指令》，即 *EU Cookie Directive*，着重对 Cookie 的使用加以规范，要求网络服务提供者必须在用户首次访问时关闭 Cookie 功能，待用户确认后再开启。2016 年，欧盟通过了《一般数据保护条例》，即 *General Data Protection Regulation*，确立了全新的互联网时代保护个人数据信息框架，对个人数据进行了严格保护，并具备可执行性，是对 1995 年最低标准的全面修正，欧盟对个人信息的保护提到了前所未有的高度。

其实，从这几个规范的名称也可以看出欧盟对于个人数据保护的重视程度正

在不断提升，经历了由 Proposal（提案）到 Directive（指令）再到 Regulation（条例）的变化，这种升级换代尤其体现在法律效力上，欧盟的 Directive（指令）是需要各成员国据此在本国立法才能执行，而 Regulation（条例）通过后则直接在欧盟整体范围内生效。这种变化一方面对应了互联网的飞速发展，另一方面则是反映了人们对个人信息保护的重视程度不断提升，信息保护的边界亟待确定，法律必须找到网络服务提供商和用户之间利益的平衡点，才能推动而不是阻碍科技和社会的发展进步。

《一般数据保护条例》要求网络服务提供商在对用户个人数据进行收集和使用前必须明确进行告知并且获得用户的明确同意，包括数据内容范围和使用方式，同时确定了用户的个人数据删除权，即所谓的“被遗忘权”。这些对于企业基于大数据进行的技术创新和应用开发可能产生极为不利的影响。不管该条例的实际影响究竟如何，它在某种程度上预示了企业无法再理所当然地无偿利用用户个人数据谋取商业利益，而是必须接受法律的严格规制。

三、我国立法现状

2016 年 11 月 7 日十二届全国人大常委会第二十四次会议表决通过了《网络安全法》，自 2017 年 6 月 1 日起施行，其突出亮点之一在于进一步完善了个人信息保护规则。然而这些规则发挥作用的前提是，对于保护对象——“个人信息”有全面、详尽、完整而规范的定义，如果个人信息的定义模糊不清，那么保护个人信息的“实锤”也无处可落。

《网络安全法》第七十六条第（五）项规定，“个人信息，是指以电子或者其他方式记录的能够单独或者与其他信息结合识别自然人个人身份的各种信息，包括但不限于自然人的姓名、出生日期、身份证件号码、个人生物识别信息、住址、电话号码等”。

仅就该条关于个人信息的定义来看，仍然是着眼于自然人“线下生活”中必要的基本信息，而对于网络生活中所必需的账号和密码，以及更重要的网络行为信息，如 Cookies，却未提及。2013 年颁布的《电信和互联网用户个人信息保护规定》中第四条规定，“本规定所称用户个人信息，是指电信业务经营者和互联网信息服务提供者在提供服务的过程中收集的用户姓名、出生日期、身份证件号码、住址、电话号码、账号和密码等能够单独或者与其他信息结合识别用户的信息以及用户使用服务的时间、地点等信息”。

对比一下我们可以发现，《网络安全法》的关注重点在于“自然人个人身份”相关的各种信息，而《电信和互联网用户个人信息保护规定》中“个人信息”的定义除了包括用户信息以外，还包括用户使用服务的时间、地点等信息，《网络安全法》的保护范围实际上无形中进行了一定限缩。

结合我们日常网络生活的经验，其实不难发现，除了个人身份相关信息、使用网络服务的时间、地点等信息，网络服务的使用习惯也是网络时代个人信息的重要组成部分，更是各大网络服务提供商的采集目标。这些信息的综合即构成了本文所说的“Cookies”，《网络安全法》未能对这部分信息保护予以明确，实属遗憾。

一般而言，法律的制定应当与社会环境需要相呼应，欧盟通过的《一般数据保护条例》在响应一般民众对个人数据保护的强烈呼声的同时，对网络服务企业的科技创新却产生了很大打击。目前绝大多数浏览器都默认支持并打开 Cookies，而用户可以通过预先设置删除 Cookies 或者禁止网站安放 Cookies，多少可以避免个人信息“裸奔”的尴尬处境，在这种情况下，用户更应当有清醒的认识并对个人数据加以必要保护。

网贷还钱套路深？

——还钱的正确打开方式

信息网络与电子商务专业组 黄晓蕾律师

提到网贷平台，大多数人的第一印象恐怕会是“高额利息”“催债”“陷阱”“高利贷”这些负面的词汇，尤其是有大学生因为无法偿还校园贷而自杀这样的新闻时不时见诸报端，更是一度引发热议。

虽然对于网络借贷平台的监管正在一步步加强，但还是有各种规避监管政策的“变种”出现。许多网贷平台把“利率低”“放款快”作为自己的卖点，但其实也许这都是包裹着毒药的糖衣。如何能够识破这些表面的伪装，不掉入陷阱呢？记住以下几点，也许可以帮你化险为夷。

情景一：与网贷平台约定的利率较高

不是约定了多少利率，就一定要支付多少利息，而是需要根据利率的多少来确定。根据相关法规，约定的利率一旦超过了年利率 24%，对于超过的部分可以不用返还利息，但是，如果你已返还了超过年利率 24% 的部分，即使要求出借人退回，也不能够得到法院的支持，不过，如果利率超过了年利率 36%，不仅可以主张超过的部分不返还利息，已经支付利息的，还可以要求出借人退回。

更多的情况是，网贷平台对外宣传的利率很低，看上去并没有违反相关的规定，此时也不能掉以轻心，因为如果从网贷平台给出的还款计划来反推的话，就会发现实际上它们收取的是相当高的利息，为什么这么说呢，这是因为网贷平台的借款通常是分期偿付，按照正确的计算利息的方法，有等额本息和等额本金两种方式，这两种计算方式都会依据已返还本金和利息的变动情况来计算应当归还的本金和利息，而有的网贷平台在计算时是按照固定的本金计息，并没有将已返还的款项计算在内，比如说，每一期还款后，计算下一期的利息时仍以还款前的本金计息，可想而知，这样计算出来的利息肯定是要远远高于正确的计息方法计算出来的利息的。发现这样的情况时，可以主张按照正确的计息方法归还本息。

参考法规：

《最高人民法院关于审理民间借贷案件适用法律若干问题的规定》

第二十六条　借贷双方约定的利率未超过年利率24%，出借人请求借款人按照约定的利率支付利息的，人民法院应予支持。

借贷双方约定的利率超过年利率36%，超过部分的利息约定无效。借款人请求出借人返还已支付的超过年利率36%部分的利息的，人民法院应予支持。

第三十一条　没有约定利息但借款人自愿支付，或者超过约定的利率自愿支付利息或违约金，且没有损害国家、集体和第三人利益，借款人又以不当得利为由要求出借人返还的，人民法院不予支持，但借款人要求返还超过年利率36%部分的利息除外。

参考案例：[①]

裁判要旨：《最高人民法院关于审理民间借贷案件适用法律若干问题的规定》第二十六条规定，借贷双方约定的利率未超过年利率24%，出借人请求借款人按照约定的利率支付利息的，人民法院应予支持。借贷双方约定的利率超过年利率36%，超过部分的利息约定无效。借款人请求出借人返还已支付的超过年利率36%部分的利息的，人民法院应予支持。根据以上规定，年利率在24%与36%之间的这部分利息，为自然债务区，法律不予保护，超出24%的利息可以不支付。借款人已经偿还的这部分利息，之后又反悔要求偿还，法院同样不应支持。

---

① （2016）鲁08民终2537号。

情景二：网贷平台在放贷的时候，会扣除一部分的中介费或咨询费等费用，借款人最后拿到的是扣除后的金额

最后用以计算利息的本金应当是最终拿到的金额，而不是最初扣款前的金额。

参考法规：

《中华人民共和国合同法》

第二百条　借款的利息不得预先在本金中扣除。利息预先在本金中扣除的，应当按照实际借款数额返还借款并计算利息。

《最高人民法院关于审理民间借贷案件适用法律若干问题的规定》

第二十七条　借据、收据、欠条等债权凭证载明的借款金额，一般认定为本金。预先在本金中扣除利息的，人民法院应当将实际出借的金额认定为本金。

参考案例：[①]

裁判要旨：根据《最高人民法院关于审理民间借贷案件适用法律若干问题的规定》第二十七条规定，借据、收据、欠条等债权凭证载明的借款金额，一般认定为本金。预先在本金中扣除利息的，人民法院应当将实际出借的金额认定为本金。本案中合同中约定借款本金 10 万元，某某公司扣除中介费 3900 元，向徐某甲转账 9.61 万元。其实质原告借款 9.61 万元，本院确定实际借款金额为 9.61 万元。

根据上述的法律和司法解释以及案例，如果出借人放贷时以各种名目扣除费用，但最后仍以扣除前的金额计算利息，这样的计算方法是违反相关规定的。最后的本金应当以借款人实际收到的金额确定。所以在遇到这种情况时，多留意一下最后用以计算利息的本金是多少，如果仍是按照扣款前的金额计算，那么可以主张不支付多余的利息。

对于在借款时或借款短期内，借款人将利息返还给出借人，一般会被认定为

---

① （2017）辽 0911 民初 950 号。

“变相扣除利息”的行为，也可以主张本金减少。这种行为虽然不是典型的出借款项时直接扣除利息后交付本金的行为，但是“当事人借款目的是为了取得利益，包括借款的期限利益，如果次日即偿还借款，无疑是剥脱了借款人对于部分借款本金的期限利益”，“对于此种行为，结合法律规定，利息性质分析，应当予以否定性评价”。

情景三：借款逾期未还，网贷平台以逾期罚息计息，并计收违约金或管理费、服务费等费用

以逾期罚息计息是合法的，同时计收违约金或管理费等费用也是合法的。但在这里要注意以下几点：（1）在对逾期罚息的本金没有约定的情况下，应当以本金计算罚息；（2）逾期罚息的利率以利率上浮30%—50%为限；（3）逾期罚息、违约金和其他费用加起来超过年利率24%的部分，可以不予返还。

参考法规：

《中华人民共和国合同法》

第二百零七条　借款人未按照约定的期限返还借款的，应当按照约定或者国家有关规定支付逾期利息。

《最高人民法院关于审理民间借贷案件适用法律若干问题的规定》

第三十条　出借人与借款人既约定了逾期利率，又约定了违约金或者其他费用，出借人可以选择主张逾期利息、违约金或者其他费用，也可以一并主张，但总计超过年利率24%的部分，人民法院不予支持。

《中国人民银行关于人民币贷款利率有关问题的通知》

三、关于罚息利率问题。逾期贷款（借款人未按合同约定日期还款的借款）罚息利率由现行按日万分之二点一计收利息，改为在借款合同载明的贷款利率水平上加收30%—50%；借款人未按合同约定用途使用借款的罚息利率，由现行按日万分之五计收利息，改为在借款合同载明的贷款利率水平上加收50%—100%。

参考案例：[1]

裁判要旨：旺利达公司主张王某安应按约支付利息、罚息，根据《最高人民法院关于审理民间借贷案件适用法律若干问题的规定》，借贷双方约定的年利率超过24%的人民法院不予支持。因双方在《借款合同》中约定借期内年利率为18%，逾期罚息在约定利率基础上上浮50%，经计算，借期届满后的利率及罚息已超过法律规定的年利率24%标准，故对超出24%部分本院不予支持。

网贷平台或许为我们的生活带来了一些便利，也或许让我们能够“花明天的钱，圆今天的梦”，以上的一些提示也许会帮你缓解一下困境，但天下没有免费的午餐，树立正确的消费观念，积累一些基本的金融知识，培养自己的风险意识，才能避免被“套路”。

① （2015）成民初字第1527号

（三）医药医疗

你被医疗保险合同“套路”过吗？

——浅谈《保险法司法解释（三）》在医疗保险中的应用

医药医疗专业组　张楠律师

《最高人民法院关于适用〈中华人民共和国保险法〉若干问题的解释（三）》（以下简称《保险法司法解释（三）》）公布以后为人身保险法律适用问题提供了较为明确的衡量尺度，在保险人和被保险人之间的权利平衡上起到了积极的作用，同时有利于司法审判标准与保险实务行业标准的统一。

在与生活密切相关的医疗保险领域，根据保险人应当承担的保险风险与投保人支付保险费的金额相匹配的原理，《保险法司法解释（三）》着重界定了费用补偿型医疗保险产品费率拟定规则、核定医疗费用标准规则、约定医疗服务机构规则、设定多因比例赔偿规则等。[1]《保险法司法解释（三）》是我国在弥补《保险法》的不足上的立法进步，同时，在实践中，根据《保险法司法解释（三）》的立法原意，对保险人、投保人、被保险人或受益人在权利与义务上提出了更高的要求，一方面利于保险人降低诉讼风险、化解格式条款危机，另一方面利于更加明确地保障被保险人的权益。

一、《保险法司法解释（三）》中关于医疗保险的规定

《保险法司法解释（三）》中关于医疗保险的规定集中在第十八条、第十九

条、第二十条：

《保险法司法解释（三）》第十八条规定：保险人给付费用补偿型的医疗费用保险金时，主张扣减被保险人从公费医疗或者社会医疗保险取得的赔偿金额的，应当证明该保险产品在厘定医疗费用保险率时已将公费医疗或者社会医疗保险部分相应扣除，并按照扣减后的标准收取保险费。

《保险法司法解释（三）》第十九条规定：保险合同约定按照基本医疗保险的标准核定医疗费用，保险人以被保险人的医疗支出超出基本医疗保险范围为由拒绝给付保险金的，人民法院不予支持；保险人有证据证明被保险人支出的费用超过基本医疗保险同类医疗费用标准，要求对超出部分拒绝给付保险金的，人民法院应予支持。

《保险法司法解释（三）》第二十条规定：保险人以被保险人未在保险合同约定的医疗服务机构接受治疗为由拒绝给付保险金的，人民法院应予支持，但被保险人因情况紧急必须立即就医的除外。

二、《保险法司法解释（三）》中关于医疗保险的应用

《保险法司法解释（三）》中对医疗保险格式条款的规范，有利于维持对价平衡。由于医疗保险是人身保险的重要类型，在现实生活中，保险人承保风险与投保人支付保险费应当平衡，即投保人支付了多少保险费，保险人将承担多大的承保风险，那么，当医疗事件发生时，保险人应当按照何种标准进行赔付才能尽到赔付义务，保险人可以从《保险法司法解释（三）》中得到启示。

保险人又称“承保人”，是指与投保人订立保险合同，并承担赔偿或者给付保险金责任的保险公司。根据《保险法司法解释（三）》的规定，保险人在保险产品的设计、承保实务、理赔实务、代为求偿等方面有以下几个应用：

1. 在保险产品设计方面的应用

首先，《健康保险管理办法》将医疗保险按照保险金的给付性质分为费用补偿型医疗保险和定额给付型医疗保险。《保险法司法解释（三）》第十八条规定

的是费用补偿型医疗保险，费用补偿型医疗保险是根据被保险人实际发生的医疗费用支出，按照约定的标准确定保险金数额的医疗保险，费用补偿型医疗保险的给付金额不得超过被保险人实际发生的医疗费用金额。费用补偿型医疗保险是适用损失补偿原则的直接体现。

由于费用补偿型医疗保险与定额给付医疗保险的赔付比例和标准是不同的，因此，保险人在设计医疗保险产品名称中应当清楚标识“费用补偿医疗保险”或“定额给付医疗保险”字样，如意外费用补偿医疗保险条款、意外定额给付医疗保险条款等。

其次，在保险产品体例的总则及免除责任中清楚写明该条款适用的是费用补偿型医疗保险，是否适用损失补偿规则。

最后，在产品费率上，《保险法司法解释（三）》要求厘定商业保险与社会保险的关系，保险人给付费用补偿医疗保险时，要求扣减被保险人从公费医疗或社会医疗保险取得的赔偿金额的，应当提供证据证明该保险产品在设计医疗费用保险时已经将公费医疗或社会医疗保险部分作相应扣除，并按照扣减后的标准收取保险费。保险人应当根据被保险人是否享有医保的各种形式和医疗的性质区分费用补偿性医疗保险的费率，针对不同客户适用不同费率和保险系数。

2. 在承保实务中的应用

保险人在承保实务中要重点关注商业诚信、保险单证等方面。商业诚信是指在承保的过程中，保险人要如实告知投保人购买的是费用补偿型医疗保险还是定额型医疗保险，并明确指出赔付标准和比例，如果遇到投保人参加多种商业保险的情况，会发生保险人与其他保险机构赔付竞合的情况，保险人应当如实告知投保人在这种情况下的赔付比例。另外，保险单证是保险实务中权利义务的重要载体，保险单要与投保单内容保持一致，保险单要载明免赔额及免赔率。

3. 在理赔实务中的应用

在理赔实务中，根据《保险法司法解释（三）》，被保险人支出的医疗费用超出基本医保范围内的同类医疗费用标准，保险人可以按照保险合同约定的基本医保标准核定医疗费用，对于超出的费用部分不予承担赔偿责任。另外，关于定点医院的选择，根据《保险法司法解释（三）》第二十条规定，保险人以被保险人未在保险合同预定的医疗服务机构接受治疗为由拒绝给付保险金的，人民法院应予支持，但被保险人因情况紧急必须立即就医的除外。根据上述规定，保险人在与投保人签订医疗保险时，应当明确告知被保险人应当选择保险人签约的定点医院进行治疗，根据实际情况，保险人应当增加签约定点医院的数量，加强医疗费用的控制，并且在医疗条款中明确指明紧急情况的范围。

4. 在代位追偿中的应用

当保险人履行了医疗费用赔偿责任后，保险人能否就支出的医疗费用行使保险代位求偿权？《保险法司法解释（三）》虽然没有答辩，但是在实践中，保险人在费用补偿型医疗保险产品的医疗条款中设置“代位追偿”的章节或明确医疗费用补偿原则，清晰追偿的顺序、对象等。

三、结语

《保险法司法解释（三）》通过差别化费率机制来界定费用补偿型医疗保险产品，是对现行医疗保险体系的新探索，也是符合我国医疗保险发展的明智之举，但是在解决医疗费用保险的代位求偿权、费用补偿型医疗的重复投保上仍然是一片空白，在司法实践中，保险人在上述问题上的纠纷解决只能通过合同条款的约定，《保险法司法解释（三）》能否突破上述法律症结，需要时间上的考量。

（四）自然资源与能源

如何保护风景名胜？

自然资源与能源专业组 何佳玲律师

一、风景名胜的保护必要性

在如今社会的大环境下，文化旅游、健康医疗成为时下最热门的经济，一批批旅游投资公司拔地而起，2016 年 11 月发布的《全国风景名胜区事业发展“十三五”规划》更是把风景名胜区推在发展的前列。

究竟什么景点可以称为“风景名胜区”呢？早在 2006 年我国就颁发了《风景名胜区条例》（以下简称《条例》），根据《条例》的第二条，“本条例所称风景名胜区是指具有观赏、文化或者科学价值，自然景观、人文景观比较集中，环境优美，可供人们游览或者进行科学、文化活动的区域”。我国风景名胜区划分为国家级风景名胜区和省级风景名胜区，自 1982 年起，国务院总共公布了 8 批、225 处国家级风景名胜区，有些风景名胜区同时又是世界自然文化遗产，是国家重点文物保护单位。

在“旅游热”的大浪潮下，由于风景名胜区可以通过现有的资源，获得直接的经济效益。为了推动当地经济的发展，获得更多的经济利益，牺牲社会利益成为很多风景名胜区管理者的选择，风景名胜区遭到破坏的新闻层出不穷，风景名胜的保护也颇具有挑战性。

二、风景名胜区保护的障碍

风景名胜的美吸引了络绎不绝的观赏者，但同时如上文所述对其的保护存在一定的难度，同时笔者认为，目前我国风景名胜区资源的保护存在两点障碍：

1. 风景名胜区管理主体受到限制

《风景名胜区条例》第四条、第五条规定，风景名胜区所在地县级以上地方人民政府设置的风景名胜区管理机构，负责风景名胜区的保护、利用和统一管理工作；国务院建设主管部门负责全国风景名胜区的监督管理工作。

事实上，风景名胜区的管理单靠建设部门是无法完成的，风景名胜区往往还涉及林业、文物乃至宗教等部门的工作，而每个部门之间的权限界定不清，导致无法统一进行管理。

2. 风景名胜区的发展缺少对社会资本的引入

由于风景名胜区由国家进行管理，因此在经营管理上，很少有管理机构主动对风景名胜区加以规划管理；在收支上，大部分风景名胜区都依赖财政拨款，对盈亏一般都采取不理会的态度。

事实上，一味地依赖政府对风景名胜区加以管理会导致风景名胜区资源利用率过低，但仅仅依靠社会资本会导致企业为了盈利不惜破坏自然资源。因此，在政府监管的前提下，引入社会资金，让更多的企业投入资金到景区运营管理之中，可谓现今我国风景名胜区资源保护的最佳方式。

针对上述第二点的问题，不论是在法律法规的规定上，还是在相关的实践上，我国也逐步认可并推广这一方式。

三、突破风景名胜区保护障碍：引入社会资金

1. 相关法律对引入社会资金的规定

1995 年实施的《国务院办公厅关于加强风景名胜区保护管理工作的通知》第二条规定：“风景名胜资源属国家所有，必须依法加以保护。各地区、各部门

不得以任何名义和方式出让或变相出让风景名胜资源及其景区土地。”

2002 年实施的《国务院关于加强城乡规划监督管理的通知》规定：“风景名胜资源是不可再生的国家资源，严禁以任何名义和方式出让或变相出让风景名胜区资源及其景区土地，也不得在风景名胜区内设立各类开发区、度假区等。”

而 2006 年出台的《风景名胜区条例》却一改之前的态度，在交通、服务项目上向社会资金进行了开放，且随着旅游人员的增多，旅游方式的变化，对景区内建设项目的严禁从整个风景名胜区缩至核心景区。

《风景名胜区条例》第三十七条第二款、第三款规定，风景名胜区内的交通、服务等项目，应当由风景名胜区管理机构依照有关法律法规和风景名胜区规划，采用招标等公平竞争的方式确定经营者。风景名胜区管理机构应当与经营者签订合同，依法确定各自的权利义务。经营者应当缴纳风景名胜资源有偿使用费。

《风景名胜区条例》第四十条第（三）项规定，在核心景区内建设宾馆、招待所、培训中心、疗养院以及与风景名胜资源保护无关的其他建筑物的，由风景名胜区管理机构责令停止违法行为、恢复原状或者限期拆除，没收违法所得，并处 50 万元以上 100 万元以下的罚款。

2. 社会资金引入的限制

由上述规定可见，风景名胜区的交通、服务项目可以通过特许经营的方式引导社会资金进入，由政府之外的投资公司取得经营权，但除交通、服务项目外的项目的经营权，尚且没有明确的法律规定。此外，风景名胜区里也可以建设宾馆、招待所、培训中心、疗养院等建筑，但需注意的是，这些仅可设在风景名胜区核心景区之外，核心景区仍是禁区。

3. 在景区门票管理上引入社会资金的态度：从开放到严格限制

由上可知，在交通、服务等项目上，我国的态度从严格禁止引入社会资金到接收引入社会资金；但在景区门票的收取问题上，虽然没有法律法规进行明确的规定，但是从各部门的态度可以看出，与交通、服务项目采取了相反的态度，即从一开始的准入转变到严格禁止的现状。

1996 年 8 月 13 日，黄山旅游发展股份有限公司与黄山风景区管理委员会签订关于授权管理黄山风景区门票事宜的协议，约定公司享有黄山风景区门票专营使用权，到 2036 年年底公司每年将门票收入减风景资源维护资金营业税及附加和票房成本后净额的 50% 按季支付给黄山风景区管委员会，作为黄山风景区门票专营权使用费，这个约定得到了国资局的确认，后峨眉山和武夷山等风景名胜区在改制过程中也普遍采用这一做法。

然而历时三年，建设部城建司对该问题转变了态度，在黄果树景区门票是否可由黄果树旅游集团公司收取的问题上采取了相反的意见。

1999 年 9 月 2 日建设部城建司在《关于黄果树风景名胜区景观游览门票管理权属问题的答复》(〔99〕建城景字 55 号）中明确指出："门票是政府对风景名胜资源实行统一管理的重要手段，是国家利益的唯一体现，也是风景名胜区保护管理的重要经济来源。国家对风景名胜资源的所有权不仅表现为对风景名胜区的保护管理责任，也表现为对风景名胜区的合理利用和门票收费的权利。门票经营权的转移，不仅使政府失去了必要的保护管理资金，也使国家对风景名胜资源的所有权受到肢解，属于变相出让风景名胜区资源的行为，不利于风景名胜资源的保护。因此我们认为黄果树风景名胜区景观游览门票管理权属理应归黄果树风景名胜管理委员会所有。"

此后相关文件的出台对上述答复进行了理论支撑。

《风景名胜区条例》第三十七条第一款规定："进入风景名胜区的门票，由风景名胜区管理机构负责出售。门票价格依照有关价格的法律、法规的规定执行。"

《国家级风景名胜区综合整治验收考核标准》规定："不得将风景名胜区的管理、规划、监督职能以及门票出售职能交给或变相交由企业管理；无政企不分或以企代政问题。"

《国家级风景名胜区保护管理执法检查评分表》规定："将门票交由企业收

取或违规出让转让景区资源或土地情形的属于违规行为。”

由此可见，就目前的法律规定而言，风景名胜区的门票应当由政府相关的管理机构收取和管理，不得由企业直接进行收取和分配。社会资金可以获得风景名胜区的交通、服务等项目的经营权，但门票的经营权应排除在风景区的经营权之外。

综上，我国风景名胜区的保护更多地需要政企分开管理、引入社会资金，但在目前的引入社会资金的方式下，对其的保护还会受到一定的限制，但这些都有待在理论和实践中进行完善。

风力发电公司面临百万环境污染赔偿

——清洁能源真的“零”污染吗?

自然资源与能源专业组　何佳玲律师

2017年6月22日，最高人民法院公布了《最高人民法院环境资源刑事、民事、行政典型案例》，案例涉及范围涵盖环境法多个方面，对于统一环境资源案件裁判标准、完善审理规则均能起到较好的指导作用。其中“倪某龙诉丹东海洋红风力发电有限责任公司环境污染侵权纠纷案”引起了笔者的关注。

一、案情简介

倪某龙于1993年建温室养殖场养殖中华鳖。2000年3月，海洋红公司在倪某龙养殖场周边村落建成大规模风力发电机组，其中两组发电机位于养殖场附近。一组位于养殖场东南约100米处，另一组位于养殖场西北400—500米处。2000年9月后倪某龙养殖的中华鳖大量死亡。2001年7月25日，倪某龙自行委托监测站针对海洋红公司对中华鳖生产影响进行了论证，结论为：风力发电机叶轮转动投影及噪声扰乱改变了温室大棚中中华鳖所需的安静生活环境，而且这种惊扰正值中华鳖繁殖、发育和生长期间，导致了一系列不良后果。同时倪某龙委托评估鉴定其所受损失，评估结论为损失总计1637966元，故诉请海洋红公司赔偿其养殖的中华鳖损失1637966元。

海洋红公司在庭审中申请法院进行鉴定，渔业生态监测中心后作出的鉴定报告为“试验现场的噪声、电磁辐射以及转动的阴影，不会对中华鳖的存活和生长造成影响”，一审、二审法院据此判决驳回倪某龙的诉讼请求。

再审阶段，农业部渔业局资源环保处出具证明材料认为：渔业生态监测中心“关于风车的噪声、电磁辐射、转动阴影等因素对中华鳖的存活和生活影响的试验鉴定”已超出该局核发的《渔业污染事故调查鉴定资格证书》的业务范围。考虑到中华鳖属于对噪声及光影敏感生物，辽宁省高级人民法院再审判决撤销一审、二审判决，改判海洋红公司承担本案损失的80%民事责任，赔偿倪某龙经济损失1310327.8元。

由上述案例可以发现，尽管风力发电作为大家都普遍认可的清洁能源之一，也会对生态环境造成污染。风力发电离不开发电机，而风力发电机是由机头、转体、尾翼、叶片组成。叶片用来接受风力并通过机头转为电能；尾翼使叶片始终对着来风的方向从而获得最大的风能；转体能使机头灵活地转动以实现尾翼调整方向的功能；机头的转子是永磁体，定子绕组切割磁力线产生电能。

所谓风力发电，是指利用风力带动风车叶片旋转，并通过机头转化为电能，但是在这个过程中，机头中的转子是永磁体，因此叶片的转动会带动磁场转动，磁场能量转化为电能的过程中会产生磁场或电磁波的负面影响，除了电磁波的影响以外，风力发电也同时会带来噪声污染以及光影的光污染。

除了风力发电会造成环境污染，水力发电、太阳能这些被人们所熟知的“清洁能源”也能造成不容小视的环境污染。

二、其他清洁能源给环境所带来的负面影响

1. 水力发电会造成环境破坏

水电会造成环境破坏这一论调已经延续了多年。从对流域生态系统的影响来看，水电所需要的大坝和水库的建设会使得原有河流的水流流态、水温、水质和地形等发生改变，进而会对水生生物生长、产卵、繁殖的生存环境产生影响，阻断鱼类的洄游通道，降低生物的多样性。与此同时，水电站的建设如果选址不对的话，则会产生地质破坏、水土流失的结果，使得地震等次生灾害频发。

2. 太阳能会造成环境污染

尽管从太阳能吸收能量转化成电量的过程中看不出任何可能造成污染的痕迹，但是被人视为零污染的太阳能在生产过程中的确会产生一定的污染。所谓“太阳能”，是指通过太阳能电池板吸收太阳光，将太阳辐射通过光电效应或者光化学效应直接或间接转化成电能，而太阳能电池板的主要材料是“硅”，在生产多晶硅的时候会产生高毒的副产品——四氯化硅。由于因太阳能的转化需要很多多晶硅，且太阳能电池板的寿命偏短，故市场上对“多晶硅”的需求一直以来只增不减，由此生产太阳能所带来的环境影响也不容忽略。

三、我们应该拒绝清洁能源吗

上文已经提到了清洁能源对环境的种种不良影响，那么问题来了，对于清洁能源我们应该拒绝吗？答案当然是否定的。

事实上，人们通常对“清洁能源”会产生一个认知上的误区，即认为清洁能源是百分之百的无污染。一旦清洁能源产生了一些不利于环境的因素，则会引起很多人的相继反对。事实上，“清洁能源”仅指其排放的污染物较少，并非指其对生态环境造成的影响为零，即便是我们的个人活动也会对生态环境带来影响，更何况是大型的风电厂、水电厂。

当然，这些新能源所带来的负面作用也不能小视，它们可以对我们的开发行为起到警示和促进作用，督促我们在实施各种清洁能源项目之前做好开发规划、设计等环境的评估，使其影响降低；在项目实施之后还需经常观察该项目的实际影响，不断改进项目，促进新能源的发展。

（五）环境与健康

生存，还是毁灭？

——请把杀戮变成守护

恒都综合法律业务与商业诉讼事业部　杜瑶律师

“如果人类渴望拥有正义，首先应该做的就是停止对动物的伤害。”大家都知道大熊猫很珍贵，但你可能不知道，其实我国土生土长的中华穿山甲早在2014年就被世界自然保护联盟（IUCN）定为极度濒危，而大熊猫在2016被降级到易危。这意味着中华穿山甲比大熊猫还要珍贵。

穿山甲有“森林卫士”的称号，主要以白蚁和蚂蚁为食，能保护森林、堤坝，维护生态平衡。穿山甲遇敌时只会蜷缩成团状。就是这样一种毫无攻击性、没有主动对抗捕食者能力的生物不知何时竟然成了部分“野食家”餐桌上的“珍馐佳肴”？更为残忍的是，人类为取鳞片，将穿山甲剥鳞漂白。

据不完全统计，2007—2016年我国执法部门共查获209件涉及穿山甲的案件，2007—2011年年均11起，2012—2016年则升至31起。涉案穿山甲或其制品包括2405只活体，11419只死体和34946千克甲片（其中香港查获19398千克），甲片相当于约75000只穿山甲。这些触目惊心的数据转而浮现在我们面前的是一条由利益和欲望驱动的血色产业链。

我国是世界上野生动物资源最为丰富的国家之一，也是濒危动物分布大国。据不完全统计，仅列入《濒危野生动植物种国际贸易公约》附录的原产于中国的濒危动物有120多种（指原产地在中国的物种），列入《国家重点保护野生动物名录》的有257种，列入《中国濒危动物红皮书》的鸟类、两栖爬行类和鱼类有400种，列入各省、自治区、直辖市重点保护野生动物名录的还有成百上千种。

随着经济的持续快速发展和生态环境的日益恶化，中国的濒危动物种类还会不断增加。屡禁不止的"滴血交易"使得乱捕杀、滥食用的现象频发，导致我国部分野生动物处于极度濒危状态，单一种群物种面临绝迹危险。野生动物的消亡、生物多样性的丧失危及人类赖以生存和发展的物质基础。依赖着物种制约的生态系统也将面临失衡，而且我们及我们的后代将无法对此进行复原。

我国现行主要的动物权利保护相关法律有《野生动物保护法》《陆生野生动物保护实施条例》《环境保护法》以及其他散见于《宪法》《渔业法》《森林法》《海洋环境保护法》等中的若干法律及地方法规。

但是，我国《野生动物保护法》起步晚，很多规定并不完善：

（1）我国对野生动物保护范围过于狭窄，保护的动物范围十分有限。现行《野生动物保护法》中描述所保护的野生动物使用了这样的定语："珍贵、濒危的""有益的或者有重要经济、科学研究价值的"，以野生动物对人的价值、有用性作为衡量标准，显然有违生态系统平衡理念。

（2）对野生动物保护立法的不足还体现在部分法条仅仅是作了禁止性规定，如《野生动物保护法》第三十条规定："禁止生产、经营使用国家重点保护野生动物及其制品制作的食品，或者使用没有合法来源证明的非国家重点保护野生动物及其制品制作的食品。禁止为食用非法购买国家重点保护的野生动物及其制品"，却没有规定违反规定的处罚，使得权利落空。

（3）法律规定中对野生动物的保护过于笼统，使得法官在具体的办案过程中很难认定行为人的行为是否违反法律规定及应受到何种法定处罚。

（4）对违法狩猎、滥捕杀、食用野生动物的法律处罚标准过低，执法体制不协调；公众参与度低等一系列亟待完善的问题。

如何逐步完善对野生动物的保护进而惠及整个社会生态系统？

1. 对现有法律法规进行完善

任何立法的完善都不是一蹴而就的，都有其发展过程。例如，调整立法目的，不再使《野生动物保护法》只是作为人类开发利用资源的权利砝码，将之转为动物权利的保护；扩大动物权益的主体，每一个物种的存在对于生态系统都有其意义，要以科学的态度对待野生动物，扩大对野生动物的保护范围。

2. 严格执行法律法规，不再将法律“束之高阁”

“没有买卖，就没有杀害”，是世界野生动植物救助组织维护亚洲生态计划的宣传口号。行为人常常会在违法狩猎所带来的经济利益和其所产生的罚款之间进行权衡，然后避重就轻在巨大利益的诱惑下继续肆无忌惮地选择自身利益的保留，如若惩罚力度畸轻，对违法者只是进行罚款、吊销营业执照等惩处，不仅起不到规制违法行为的效果，而且只会使法律成为一纸空文、摆设。

近日，南京警方破获重大贩卖野生动物制品案。此次行动中警方查获相关珍贵濒危野生动物制品 200 余件，其中不乏国家一级、二级野生保护动物制品，最为珍贵的是盔犀鸟头制品，盔犀鸟属于《濒危野生动植物种国际贸易公约》一级保护动物。办案民警横跨大半个中国，历时 9 个月的时间里，奔赴全国多地走访调查、收集证据，随后展开历时 18 天的收网抓捕行动，涉案的 15 名犯罪嫌疑人被一网打尽。

3. 加大公众参与力度

敬畏生命是人类文化的开端。生态是一个完整的链条，人类只是这个链条中高智慧物种的一个环节。正如施韦泽所说：“所有的存在物在生态系统中都拥有自己的位置，人类在自然联合体中所享有的举足轻重的特殊地位所赋予他的，不是剥削的权利，而是保护的责任。”积极调动全社会的力量与保护，提高全民对保护野生动物、生态环境的法律意识，将践行环境保护落到实处。拒绝“舌尖上的时尚”，别让人类成为最孤单的存在。

图书在版编目（CIP）数据

民商事实务精要与疑难解析／北京恒都律师事务所编．—北京：中国法制出版社，2019.5

（实务精要与疑难解析系列）

ISBN 978-7-5216-0012-4

Ⅰ.①民… Ⅱ.①北… Ⅲ.①民法-研究-中国②商法-研究-中国 Ⅳ.①D923.04

中国版本图书馆CIP数据核字（2019）第021945号

策划/责任编辑：韩璐玮（hanluwei666@163.com）　封面设计：周黎明

民商事实务精要与疑难解析

MINSHANGSHI SHIWU JINGYAO YU YINAN JIEXI

编者/北京恒都律师事务所

经销/新华书店

印刷/三河市国英印务有限公司

开本/710毫米×1000毫米 16开　印张/15.25 字数/225千

版次/2019年5月第1版　2019年5月第1次印刷

中国法制出版社出版

书号 ISBN 978-7-5216-0012-4　定价：59.00元

北京西单横二条2号

邮政编码 100031　传真：010-66031119

网址：http：//www.zgfzs.com　**编辑部电话：010-66070084**

市场营销部电话：010-66033393　**邮购部电话：010-66033288**

（如有印装质量问题，请与本社印务部联系调换。电话：010-66032926）